HISTOIRE
PHYSIQUE, CIVILE ET MORALE
DE PARIS.

ATLAS

IMPRIMERIE DE J. TASTU,
RUE DE VAUGIRARD, N. 36.

HISTOIRE
PHYSIQUE, CIVILE ET MORALE
DE PARIS,

DEPUIS LES PREMIERS TEMPS HISTORIQUES JUSQU'A NOS JOURS;

CONTENANT, PAR ORDRE CHRONOLOGIQUE, LA DESCRIPTION DES ACCROISSEMENS SUCCESSIFS DE CETTE VILLE, ET DE SES MONUMENS ANCIENS ET MODERNES, LA NOTICE DE TOUTES SES INSTITUTIONS, TANT CIVILES QUE RELIGIEUSES, ET, A CHAQUE PÉRIODE, LE TABLEAU DES MOEURS, DES USAGES ET DES PROGRÈS DE LA CIVILISATION;

ORNÉE DE GRAVURES

Représentant divers plans de Paris, ses monumens et ses édifices principaux;

PAR J. A. DULAURE,

DE LA SOCIÉTÉ ROYALE DES ANTIQUAIRES DE FRANCE;

TROISIÈME ÉDITION.

ATLAS.

PARIS,
BAUDOUIN FRÈRES, LIBRAIRES-ÉDITEURS,
RUE DE VAUGIRARD, N° 17, DERRIÈRE L'ODÉON.

1826.

INTRODUCTION.

On a cru devoir réunir en atlas les plans destinés à l'intelligence de l'Histoire de Paris, au lieu de les placer, comme dans la première édition, en tête des volumes. Cet Atlas offre au lecteur le double avantage de pouvoir mettre constamment sous ses yeux le plan qui se rapporte à la période dont il s'occupe, et de n'être pas obligé de recourir souvent aux divers volumes dont se compose cet ouvrage.

Le premier plan, PARIS SOUS LA DOMINATION ROMAINE, représente Paris alors contenu dans l'île de la Cité, les monumens et établissemens situés au nord et au sud de cette ville, et les routes et chemins qui venaient y aboutir. Il facilite la lecture des événemens arrivés depuis la fondation de cette cité jusqu'à la fin de la domination des Romains.

Le second plan, PARIS SOUS LE RÈGNE DE PHILIPPE-AUGUSTE, présente les agrandissemens de cette ville depuis la fin de la domination des Romains jusqu'à l'année 1223. On y voit la trace de la seconde et de la troisième enceinte qui joignirent à l'île de la Cité une partie du territoire voisin, situé sur les deux rives de la Seine, et les premiers établissemens civils et religieux fondés pendant cette période.

Le troisième plan, PARIS SOUS LE RÈGNE DE FRANÇOIS 1er, contient l'accroissement de la ville, les nombreuses rues tracées, et les bâtimens construits depuis la fin du règne de Philippe-Auguste jusqu'à la fin de celui de François 1er. On y trouve le mur de clôture élevé dans la partie septentrionale, et les diverses constructions faites hors de la ville, et qui formaient ses premiers faubourgs.

Le quatrième plan, PARIS SOUS LE RÈGNE DE LOUIS XIII, offre l'état de la ville à la fin de la domination de ce prince.

a

Le cinquième plan présente PARIS DANS SON ÉTAT ACTUEL. Pour lui donner toute l'utilité possible, on a joint à ce plan un tableau ou nomenclature, par ordre alphabétique, contenant toutes les *rues*, tous les *quais*, *boulevards*, *passages*, etc., etc., ainsi que tous les *établissemens* (civils, religieux et militaires), *monumens* et *administrations* existans à Paris, avec des renvois au plan. A la suite de cette nomenclature on trouvera la composition du Gouvernement, les attributions de chaque ministère, les administrations et établissemens qui en dépendent, les jours d'audiences des ministres, d'entrée dans les bureaux et dans tous les établissemens publics, etc., etc.

Les personnes habituées à l'usage des cartes et des plans trouveront sans peine les rapports de celui-ci avec la nomenclature qui lui sert de développement, et le parti qu'on peut en tirer pour se diriger facilement vers tous les points de cette immense ville; c'est donc pour le petit nombre de lecteurs inexpérimentés que nous donnons l'instruction suivante.

Manière de se servir du plan.

Ce plan est coupé par des lignes formant des colonnes verticales, et par des lignes formant des bandes horizontales, qui, en se croisant, divisent toute sa surface en petits carrés.

Les colonnes verticales sont indiquées, en haut et en bas du plan, par des lettres A, B, C, D, etc., et les bandes horizontales sont indiquées à leurs deux extrémités par des chiffres 1, 2, 3, 4, etc. Ces lettres et chiffres se rapportent à la colonne de la nomenclature ayant pour titre, *renvois au plan*, et servent à indiquer le carré où se trouvent situés la rue, le passage, la place, le monument, etc., qui les précèdent dans la colonne des noms.

Exemples. Pour trouver la rue Roquépine, suivie dans la nomenclature des lettres et chiffres F 3, il faut suivre la colonne F du plan jusqu'à sa rencontre avec la bande 3; et, dans le carré que forme leur intersection, on trouvera la rue cherchée.

L'église Sainte-Geneviève, portant l'indication K 9, se trouvera dans la bande horizontale 9 à sa rencontre avec la colonne verticale K.

Souvent le lieu cherché est coupé par les lignes tracées sur le plan, et se trouve ainsi dans plusieurs carrés, ce qui est indiqué dans la nomenclature par des doubles lettres ou des doubles chiffres.

Exemple. La rue de Ménilmontant est indiquée dans la nomenclature N 6, P 5, parce que l'une de ses extrémités se trouve sur le plan dans le carré N 6, et l'autre dans le carré P 5.

Les rues, places, passages, etc., dont le peu d'étendue n'a pas permis d'écrire les noms sur le plan, sont indiqués par des chiffres qui renvoient au tableau placé à l'angle inférieur gauche de ce plan.

ABRÉVIATIONS EMPLOYÉES DANS LA NOMENCLATURE.

Abb.	abbaye.		Font.	fontaine.
Ad.	administration.		Hôp.	hôpital.
Arr.	arrondissement.		Hos.	hospice.
Av.	avenue.		Mar. *ou* march.	marché.
Bar.	barrière.		Pass.	passage.
Boul.	boulevard.		P.	pont.
Car.	carrefour.		P. la r.	près la rue.
Ch.	champ.		Pl.	place.
Che.	chemin.		R.	rue.
C. de r.	chemin de ronde.		S.	saint *ou* sainte.
C.-de-s.	cul-de-sac.		Succ.	succursale.
D.	de *ou* des.		V. *ou* Voy.	voyez.
Égl.	église.		V. à v.	vis-à-vis.

NOTA. Nous avons cru, pour abréger, ne pas devoir faire précéder les noms des rues du mot *rue* ; ainsi donc, *Saint-André-des-Arts*, veut dire *rue Saint-André-des-Arts*; *de Richelieu*, veut dire *rue de Richelieu*, etc.

Dans les nouvelles inscriptions que l'on place en ce moment pour l'indication des noms de rues, la dénomination *impasse* est substituée à celle de *Cul-de-sac*.

RUES, PLACES, PASSAGES, QUAIS, PONTS, etc.	Arrondiss.	TENANS.	ABOUTISSANS.	RENVOIS AU PLAN.	RUES, PLACES, PASSAGES, QUAIS, PONTS, etc.	Arrondiss.	TENANS.	ABOUTISSANS.	RENVOIS AU PLAN.
Abatis (cuisson des).	10e.	du P. de la Trip.		D 6	Ancre royale (passage de l').	6e.	Bourg-l'Abbé.	S.-Martin.	L 5
Abb.-aux-Bois (égl. de l'), succ.	10e.	de Sèvres.		G 8	André (Saint).	8e.	Folie-Regnault.	Barr. d'Aunay.	O 6
Abbaye (fontaine de l').	10e.	d'Erfurt.	Childebert.	H 8	André-des-Ars (place S.).	11e.	Hautefeuille.		J 8
Abb.-S.-Martin (pass. de l').	6e.	S.-Martin.	Royale.	L 5	André-des-Ars (Saint).	11e.	de Bussy.	Pl. du P. S.-Mic.	J 8 - K 8
Abbaye (prison de l') pour les délits militaires.	10e.	Ste.-Marguerite.		H 8	André-des-Ars (du Cin. S.).	11e.	Place Saint-André-des-Arts.	de l'Éperon.	J 8
Abbaye (de l'). Voyez Bourbon-le-Château.	10e.				Anges (des Deux).	10e.	Jacob.	S.-Benoît.	H 7
Abbaye (neuve de l').	4e.	Durnstein.	S.-Germ.-d.-Pr.	H 7 - H 8	Angivilliers (d').	4e.	de l'Oratoire.	des Poulies.	I 6
Aboukir (d'). Voyez Bourbon-Villeneuve.	5e.				Anglade (de l').	2e.	Traversière.	de l'Évê.jac.	H 5
Acacias (neuve des).	10e.	Plumet.	de Sèvres.	E 9	Anglais (cul-de-sac des).	7e.	Beaubourg.	p. la v. du Maur.	L 6
Acacias (petite rue des).	10e.	Boul. des Inval.	Pl. de Breteuil.	E 9	Anglaises (des).	12e.	Galande.	des Noyers.	K 8
Académie de Paris.	11e.	à la Sorbonne.		J 8	Angoulême (place d').	6e.	des Fossés-du-Temple.	du Petit-Champ.	K 12 N 5
Accouchement (hosp. de l').	12e.	de la Bourbe.	de Sorbonne.	K 9	Angoulême (d').	1er.	Av. de Neuilly.	du f. du Roule.	D 4 - E 3
Acrobate (spectacle).		Boul. du Temp.		N 5	Angoulême (d').	6e.	Boul. du Temp.	Folie-Méricourt.	N 5
Affaires étrang. (minist. des).	6e.	Boul. des Capuc.		G 4	Anjou (quai d').	9e.	S.-Louis.	Pont-Marie.	M 8
Aguesseau (marché d').	1er.	de la Madeleine.	ch. du Rempart.	G 4	Anjou (d').	1er.	de la Pépinière.	du f. S.-Honoré.	F 3 - F 4
Aguesseau (pas. du marc. d').	1er.	Boul de la Mad.	de la Madeleine.	F 4 - G 4	Anjou (d').	7e.	d'Orléans.	du Gr.-Chantier.	M 6
Aguesseau (d').	1er.	du f. S.-Honoré.	de Surène.	F 4	Anjou (d').	10e.	Dauphine.	de Nevers.	J 7
Aigle (fontaine de l').	12e.	March.-aux-Chev.		M 11	Anne (Sainte).	2e.	Neuve-S.-Aug.	de l'Anglade.	H 5 - J 4
Aignan (hôtel Saint-).	7e.	Ste.-Avoie.		L 6	Anne (Sainte).	11e.	Quai des Orfèv.	Cour de la Ste.-Chapelle.	K 7
Aiguillerie (de l').	4e.	Pl. Ste.-Opport.	Pl. Gastine.	K 6	Antin (allée d').	1er.	Cours-la-Reine.	Av. de Neuilly.	E 5
Albret (cour d').	12e.	des Sept-Voies.		K 9	Antin (fontaine d').		Port-Mahon.		H 4
Alençon (quai d'). V. Bourb.					Antin (d').	2e.	Neuve-des-Petits-Champs.	Neuv.-S.-Aug.	H 4
Alexandre (Saint).	6e.	Encl. de la Trin.		L 5	Antinoüs (fontaine d').				
Aligre (pass. de l'hôtel d').	8e.	de Bailleul.	S.-Honoré.	J 6	Antiquités (cabinet d'), à la Bibliothèque-Royale.	10e.	de Sèvres.	p. des Incurabl.	F 9
Aligre (d').	8e.	de Charenton.	Marc. Beauveau.	O 9 - P 9		2e.	de Richelieu.		J 5
Allée (passage de la longue).	6e.	du Ponceau.	Neuve-S.-Denis.	L 4	Antoine (boulevard Saint).	8e.	Pl. de la Bastil.	du Pont-aux-Ch.	N 6 - N 7
Alouette (du Champ de l').	12e.	de l'Oursine.	Croulebarde.	K 12	Antoine (hôpital Saint).	8e.	du f. S.-Antoine.		P 9
Alpes (des). V. Beaujolais.					Antoine (pass. du faub. S.).	8e.	de Montreuil.		O 8
Amandiers (barrière des).		Ménilmontant.		O 6	Antoine (pass. du Petit-S.).	7e.	S.-Antoine.	du Roi-de-Sicile.	M 7
Amand. (ch. de ronde des).	8e.	Bar. des Amand.	B. de Ménilmon.	P 5 - Q 5	Antoine (Saint).	9e.	Pl. de la Bastill.	P. Beaudoyer.	L 7 - N 8
Amandiers (des).	8e.	Bar. des Amand.	Popincourt.	O 6 - Q 6	Antoine (du faubourg S.).	8e.	Pl. de la Bastil.	Bar. du Trône.	O 8 - R 9
Amandiers (des).	10e.	des Sept-Voies.	de la M. Ste.-G.	K 9	Apothicaires (jardin des).	12e.	de l'Arbalète.		K 11
Ambigu (théâtre de l').	8e.	Boul. du Temp.		N 5	Appolline (Sainte).	2e.	S.-Denis.		L 4
Amboise (d').	2e.	Favart.	de Richelieu.	J 4	Apport-Paris (place de l').	7e.	p. celle du Chât.		K 7
Amboise (cul-de-sac d').	12e.	Place Maubert.	vis-à-vis la rue de la Bûcherie.	K 8	Arbalète (de l').	12e.	d. Charbonniers.	Mouffetard.	K 11
Amboise (église S.), succ.	8e.	de Popincourt.		O 6 - P 6	Arbre-Sec (de l').	4e.	S.-Honoré.	Pl. de l'École.	J 6
Amboise (Saint).	8e.	S.-Mour.	Popincourt.	P 6	Arc-de-Triomphe.	1er.	Bar. de Neuilly.		B 3
Amelot.	8e.	S.-Sébastien.	Pl. S.-Antoine.	N 7 - N 8	Arc-aux-Armées.	1er.	Pl. du Carrous.		H 6
Anastase (Saint).	8e.	Thorigny.	S.-Louis.	M 6 - N 6	Arcade (de l').	1er.	de la Madeleine.	S.-Lazare.	G 3 - G 4
Anastase (neuve Saint).	8e.	des Pr.-S.-Paul.	S.-Paul.	N 8	Arche-Marion (de l').	4e.	Quai de la Még.	S.-Germ.-l'Aux.	K 7
Anatomique (Musée).	11e.	École de Médec.	École de Médec.	J 8					

RUES, PLACES, PASSAGES, QUAIS, PONTS, etc.	Arrondiss.	TENANS.	ABOUTISSANS.	RENVOIS AU PLAN.	RUES, PLACES, PASSAGES, QUAIS, PONTS, etc.	Arrondiss.	TENANS.	ABOUTISSANS.	RENVOIS AU PLAN.
Arche-Pepin (de l').	4e.	S.-Germ.-l'Aux.	la Seine.	K 7	Augustins (quai des).	11e.	Pont S.-Michel.	Pont-Neuf.	J 7 - K 7
Archest (passage de l').	7e.	des Arcis.	de la Tacherie.	K 7	Augustins (des Grands).	11e.	S.-And.-d.-Ars.	Quai des Augus.	J 7 - J 8
Archevêché (quai de l').	9e.	Pont de la Cité.	Pont au Double.	K 8 - L 8	Augustins (des Petits).	10e.	Quai Malaquais.	du Colombier.	H 7
Archiépiscopal (palais).	9e.	Quai de l'Arch.		L 8	Augustins (des Vieux).	3e.	Montmartre.	Coquillière.	J 5 - K 5
Archives (palais des).	7e.	Paradis.	du Chaume.	M 6	Aumaire (passage).	6e.	Billy.	Aumaire.	L 5
Arcis (quartier des).	7e.				Aumaire.	6e.	S.-Martin.	Frépilloe.	L 5
Arcis (des).	6e.	de la Verrerie.	S.-J.-la-Bouch.	K 7	Aumont (cul-de-sac d').	9e.	de la Mortellor.	près la r. Geof.-l'Asnier.	M 8
Arcole (pass. de la rue d').	2e.	Beaujolais.	Neuve-d.-Petits-Champs.	J 5	Aunay (barrière d').	8e.	Mont-Louis, etc.		Q 6
Arcole (d') V. Beaujolais.					Aunay (chem. de ronde d').	8e.	Barr. d'Aunay.	Barr. d. Amand.	Q 6
Arcueil (barrière d').	12e.	Bourg-la-Reine.	Sceaux, Verrièr.	H 11	Austerlitz (pl. d'). V. Mus.				
Argenson (cul-de-sac d').	7e.	Vieil. r. d. Temp.	p. la rue du Roi-de-Sicile.	M 7	Austerlitz (pont d'). Voyez Jardin du Roi.				
Argenteuil (cul-de-sac d').	1er.	S. Lazare.	p. la r. du Roch.	G 3	Austerlitz. Voyez Esplanade des Invalides.				
Argenteuil (d').	2e.	des Frondeurs.	Neuve-S.-Roch.	H 5	Aval (d').	11e.	de la Roquette.	Amelot.	O 7
Ariane (place).	5e.	de la gr. et petite Truanderie.		K 6	Ave-Maria (caserne de l').	8e.	des Barres.		M 8
Arras (d').	12e.	Clopin.	S.-Victor.	L 9	Aveugles (hospice des).	8e.	de Charenton.		O 8
Arsenal (avenue de l').	9e.	de Sully.	N.-de-la-Cerisay.	N 8	Aveugles (Institution royale des jeunes).	12e.	S.-Victor.		L 9
Arsenal (bibliothèq. de l'). Voyes de Monsieur.	9e.			N 8	Aveugles (des). Voyez du Petit-Bourbon.				
Arsenal (c. de l'). V. de Sull.	9e.				Avignon (d').	6e.	S.-Denis.	de la Savouner.	K 7
Arsenal (quartier de l').	9e.				Avocat (c.-de-s. du Pré de l').	12e.	de la Santé.	p. la r. Méchain.	J 11-K 11
Artillerie (dépôt centr. d').	10e.	Pl. S.-Thomas-d'Aquin.		G 7	Avoine (c.-de-s. de Longue).	12e.	du f. S.-Jacques	pr. la r. Leclerc.	H 12
Artillerie (musée d').	10e.	Idem.		G 7	Avoye (fontaine de Sainte).	7e.	Ste.-Avoye.	en face la Synagogue mère.	L 6
Artistes (musée des).	10e.	de Sorbonne.		J 9	Avoye (quartier Sainte).	7e.			
Artois (d').	2e.	de Provence.	Boulev. des Ital.	J 3 - J 4	Avoye (Sainte).	7e.	Neuv. S.-Merry.	des Vieilles-Audriettes.	L 6
Arts et Métiers (conserv. d.).	6e.	S.-Martin.		L 5	Babillards (cul-de-sac des).	3e.	Bas., P.-S.-Den.	pr. le boulevard. Bonne-Nouv.	L 4
Arts (pont des).	4e.	Palais du Louv.	P. d. Beaux-Art.	H 7 - J 6	Babille.				J 6
Arts (des).	6e.	Encl. de la Trin.		L 5	Babylone (caserne de).	10e.	de Babylone.	des Deux-Ecus.	F 8
Assas (fontaine). Projetée.	11e.	de Vaugirard.	d'Assas.		Babylone (dc).	10e.	Boul. des Inval.	du Bac.	E 8 - G 8
Assas (d').	11e.	du Cherche-Mid.	de Vaugirard.	G 8 - G 9	Babylone (Neuve de).	10e.	Place Fontenoy.	Aven. de Villars.	D 8 - E 8
Astorg (d').	1er.	de la Ville-l'Év.	de la Pépinière.	F 3 - F 4	Bac (du).	10e.	de Sèvres.	Pont-Royal.	G 6 - G 8
Athénée des Arts.	4e.	de l'Oratoire.		J 6	Bac (du Petit).	10e.	de Sèvres.	d. Vieill. Tuiler.	G 8 - G 9
Athénée de Paris.	4e.	Louvois.		J 6	Bochun (fontaine de).	12e.	Censier.		L 11
Aubert (passage).	5e.	S.-Denis.	Ste.-Foi.	L 4	Bagneux (d').	10e.	de Vaugirard.	du Pet.-Vaugir.	G 9
Aubry-le-Boucher.	6e.	S.-Denis.	S.-Martin.	K 6 - L 6	Baillet.	4e.	de la Monnaie.	de l'Arbre-Sec.	J 6
Audrelas (cul-de-sac).	12e.	Mouffetard.	p. la rue Pierre-Lombard.	L 11	Bailleul.	4e.	des Poulies.	de l'Arbre-Sec.	J 6
Audriettes (des).	9e.	Quai de la Grêv.	de la Mortellor.	L 7	Baillif.	4e.	Croix-d.-Petits-Champs.	d. Bons-Enfans.	J 6
Audriettes (Vieilles).	7e.	du Chaume.	du Temple.	M 6					
Augustin (Neuve Saint).	2e.	de Richelieu.	Boul. des Capuc.	H 4 - J 4	Bailly.	6e.	Henri.	S.-Pexant.	L 5

RUES, PLACES, PASSAGES, QUAIS, PONTS, etc.	Arrondiss.	TENANS.	ABOUTISSANS.	RENVOIS AU PLAN.	RUES, PLACES, PASSAGES, QUAIS, PONTS, etc.	Arrondiss.	TENANS.	ABOUTISSANS.	RENVOIS AU PLAN.
Bains oléagineux.	10e.	du P. de la Trip.		D 6	Bayard.	10e.	Duguesclin.	Kléber.	C 8
Ballets (des).	7e.	S.-Antoine.	du Roi-de-Sicile.	M 7	Beaubourg.	7e.	Simon-le-Franc.	Mich.-le-Comte.	L 6
Banquier (du).	12e.	du Marché aux Chevaux.	Mouffetard.		Beauce (de).	7e.	de la Corderie.	de la Gr.-Frip.	M 6
Barouilière.					Beauce (Saint-Jean de).	4e.	d'Anjou.	de la Cordonner.	K 6
Banquier (du petit).	12e.	du Banquier.	Boul. de l'Hôp.	L12-M12	Beaudin (cul-de sac).	1er.	S.-Lazare.	p. la r. du Roch.	G 8
Banque de France.	4e.	de la Vrillière.		J 5	Beaudoyer (place).	7e.	Marché S.-Jean.		L 7
Banq. de France (quart dela).	4e.				Beaudroyrie (cul-de-sac).	9e.			
Barbe : collège Sainte).	12e.	des Postes.		K 10		7e.	de la Carroierie.	p. la r. Beaubour.	L 6
Barbe (Sainte).	5e.	Beauregard.	B. Bonne-Nouv.	K 4	Beaufort (cul-de-sac).	6e.	Pass. Beaufort.		J. 6
Barbette.	8e.	Vle.r.du Templ.	des Trois-Pavill.	M 6-M 7	Beaufort (passage).			cul-de-sac Beauf.	L 6
Barillerie (de la).	9e.	Pont-au-Change.	Pont S.-Michel.	K 7	Beaujolais (de).	6e.	de Bretagne.	Forez.	M 5-M 6
	11e.				Beaujolais.	1er.	de Chartres.	de Valois.	H 6
Barnabites (cour des).	9e.	Pass. de ce nom.	pr.le P.-de-Just.	K 7	Beaujon (hôpital).	2e.	Montpensier.	de Valois.	J 5
Barnabites (passage des).	9e.	Pl.du P. de Just.	de la Calandre.	K 7	Beaujon (jardin).	1er.	du f. du Roule.		D 3
Barouilière.	10e.	de Sèvres.	Pu Pet.-Vaugir.	F 9	Beaune (de).	10e.	Aven. de Neuil.		C 3
Barre-du-Bec.	7e.	de la Verrerie.	S.-Merry.	L 6-L 7	Beauregard.	5e.	Quai Voltaire.	de l'Université.	G 7-H 6
Barres (des).	9e.	Quai de la Grève.	Pl. Beaudoyer.	L 7	Beauregard (ruelle de).	3e.	Poissonnière.	de Cléry.	K 4-L 4
Barrés (des).	9e.	S.-Paul.	du Fauconnier.	M 8	Beaurepaire.	5e.	d. Deux-Portes.	les Champs.	J 1-J 2
Barthélemy.	10e.	Av. de Bretenil.	Chem. de Rond.	E 9	Beausire (cul-de-sac Jean).	8e.	Jean-Beausire.	Montorgueil.	K 5
Basfour (cul-de-sac).	6e.	S.-Denis.	près la rue Gué-rin-Boisseau.	L 5	Beausire (Jean).	8e.	S.-Antoine.	près le boul. S.-Antoine.	N 7
Basfroid (fontaine de).			Basfroid.	P 8	Beautreillis.	9e.	Neuve-S.-Paul.	Boul. S.-Antoin.	M 8-N 8
Basfroid.	8e.	de Charonne.	de Charonne.	P 7-P 8	Beauvais (Saint-Jean de).	12e.	S.-Hilaire.	S.-Antoine. des Noyers.	K 8-K 9
Basse-Porte-Saint-Denis.	8e.	de la Roquette.	Porte S.-Denis.	L 4	Beauveau (fontaine).	8e.	Marché Beauv.		P 9
Bassins (barr. des). Fermée.	1er.	Hauteville.		B 4	Beauveau (marché).	8e.	d'Aligre.		P 9
Bassins (che. de ronde des).	1er.	Bar. des Bassins.	Barr. de Long-Champ.	B 4-B 5	Beauveau (place).	1er.	S.-Honoré.		F 4
Bastille (cour de la).	9e.	près la place de ce nom.		N 8	Beauveau.	8e.	Marché Beauv.	de Charenton.	P 9
Bastille (c.-de-s. de la porte).	4e.	de l'Arbre-Sec.	p. la r. d. Foss.-S.-Germain.	J 6	Beauvilliers (passage de).	2e.	Montpensier.	de Richelieu.	J 5
Bastille (place de la).	9e.	F. S.-Antoine.		N 8	Beaux-Arts (École roy. des).	10e.	vis-à-vis le pont des Arts.	Pl. du Trône. Qual d'Orsay.	H 7 J 7
Batailles (carrefour des).	1er.	de Chaillot.	Av. des Bataill.	B 5	Beaux-Arts (palais des).	10e.	des Paillassons.	chem. de ronde.	D 9
Batailles (des).	1er.	Ruell. Ste-Marie.	de Long-Cham.	B 6	Bellard.	5e.	pré S.-Gervais.	Romainville.	O 4
Batave (cour).	6e.	S.-Denis.	Pass. de Venise.	K 6	Belleville (barrière de).	5e.	Bar. de Belleville.	B. de la Chopin.	O 3
Batave (passage de la cour).	6e.	S.-Denis.	Pass. de Venise.	K 6	Belleville (chemin de ronde de la barrière de).				
Batave. Voyez Montpensier.					Bel-Air (avenue du).	8e.	Aven. S.-Maud.	Pl. du Trône.	R 9-S 9
Batave Voyez Valois.					Belle-Chasse (de).	10e.	Quai d'Orsay.	de Grenelle.	G 6-G 7
Batave (fontaine de).	5e.	Cour Batavo.		K 6	Belle-Chasse (Neuve de).	10e.	S.-Dominique.	Rochechouard.	F 7
Battoir (du).	11e.	de l'Éperon.	Hautefeuille.	J 8	Bellefond (de).	3e.	du f. Poissonn.	Cour du Dragon.	K 2
Battoir (du).	12e.	Copeau.	Place du Puits de l'Ermite.	L 10	Benoît (carrefour Saint).	10e.	Ste.-Marguerite.		H 8
Bavière (cour de), non publ.	12e.	Bordet.		K 9	Benoît (cloître Saint).	11e.	des Mathurins.	Pass. S.-Benoît.	K 9
Baville (de).	11e.	Cour du Harlay.	Cour Lamoign.	K 9	Benoît (cour Saint).	8e.	desCharbonnier.	près la rue de l'Arbalète.	K 11
Bayard.	1er.	Cours-la-Reine.	allée desVeuves.	D 5					

RUES, PLACES, PASSAGES, QUAIS, PONTS, etc.	Arrondiss.	TENANS.	ABOUTISSANS.	RENVOIS AU PLAN.	RUES, PLACES, PASSAGES, QUAIS, PONTS, etc.	Arrondiss.	TENANS.	ABOUTISSANS.	RENVOIS AU PLAN.
Benoît (cul de sac Saint).	7e.	de la Tacherie.	de la Coutellerie.	L 7	Billettes (temple des).	7e.	des Billettes.		L 7
Benoît (place du Cloître-S.).	11e.	rue de ce nom.		K 9	Biragues (fontaine).	8e.	S.-Antoine.	vis-à-vis l'ég. S.-Paul et S.-L.	M 7
Benoît (passage Saint).	11e.	du Cl. S.-Benoît.	de Sorbonne.	K 9					
Benoît (passage Saint).	10e.	S.-Benoît.	Pl. de l'Abbaye.	H 8					
Benoît (Saint).	6e.	Royale.	S.-Vanne.	L 5	Biragues (place de).	8e.	S.-Antoine.		M 7
Benoît (Saint).	10e.	Jacob.	Taranne.	H 7 - H 8	Biron (de).	9e.	du f. S.-Jacques.	de la Santé.	J 12
Benoît (du Cloître-Saint).	11e.	des Mathurins.	Pass. S.-Benoît.	K 8 - K 9	Bissy. Voyez Montfaucon.				
Bercy (barrière de).	8e.	Bercy, Conflans.	Carrières.	P 11	Bizet (cul-de-sac).	1er.	S.-Lazare.	p. la r. du Roch.	G 3
Bercy (chemin de ronde de).	8e.	Barr. de Bercy.	Bar. de Charen.	P 11 - Q 11	Blanche (barrière).	2e.	S.-Ouen.	Epinay, S.-Grat.	H 1
Bercy (de).	8e.	Contrescarpe.	Barr. de Bercy.	N 9 - P 11	Blanche (chemin de ronde de la barrière).	2e.	Barr. Blanche.	Barr. de Clichy.	H 1 - G 1
Bergère.	7e.	Marché S.-Jean.	V.-r.-du-Temp.	L 7					
Bergère.	2e.	du f. Poissonn.	du f. Montmart	K 3 - K 4					
Bernard (cul-de-sac Saint).	8e.	S.-Bernard.	p. la r.S.-Antoin.	P 8	Blanche.	2e.	S.-Lazare.	Barr. Blanche.	H 1 - H 2
Bernard (fontaine Saint).	12e.	d. foss. S.-Bern.		L 9	Blanche- de- Castille. Voyez Saint-Louis.				
Bernard (port Saint).	12e.	Quai S.-Bernar.		M 9					
Bernard (quai Saint).	12e.	Pont du Jardin du Roi.	des F.-S.-Bern.	L 9 - M 10	Blanchisseuses (cul - de - sac des).	1er.	des Blanchiss.	près la rue des Gourdes.	C 5
Bernard (Saint).	8e.	du f. S.-Antoin.	de Charonne.	P 8	Blanchisseuses (des).	1er.	Allée des Veuv.	de Chaillot.	C 5
Bernard (des Fossés-Saint).	12e.	Quai S.-Bernar.	S.-Victor.	L 9	Blanchisseuses (ruelle des).	1er.	Quai de Billy.	de Chaillot.	C 5
Bernardins (pas. du Cl. des).	12e.	de Pontoise.	des Bernardins.	L 9	Blancs-Manteaux(égl. Notre-Dame des), succursale.	7e.	des Blancs-Man.		L 6
Bernardins (des).	12e.	de la Tournelle.	S.-Victor.	K 9 - L 8					
Berry (de).	7e.	de Poitou.	de Bretagne.	M 6	Blancs-Manteaux (font. des).	7e.	des Blancs-Man.	des Guillemites.	M 7
Berry (Neuve de).	1er.	du f. du Roule.	Av. de Neuilly.	D 3 - D 4	Blancs-Manteaux (des).	7e.	Ste.-Avoye.	V. r. du Tempi.	L 6 - M 7
Berthaud (cul-de-sac).	7e.	Beaubourg.	pr. la r. d. Petits-Champs.	L 6	Blé (port au).	9e.			L 7
					Blé (halle au).	4e.	de Viarmes.	Quai de la Grèv.	J 6
Bertin-Poirée.	4e.	S.-Germ.-l'Aux.	des Bourdonnai.	K 6 - K 7	Bleue.	2e.	du f. Poisson.	Cadet.	K 3
Béthune (quai de).	9e.	Blanc.-de-Cast.	Pont de la Tour.	L 8 - M 8	Bœuf (cul-de-sac du).	7e.	Neuve-S.-Méde.	p. la r. S.-Avoy.	L 6
Bétisy (carrefour de).	4e.	des Bourdonnai.	Bétisy.	K 6	Bœufs (cul-de-sac des).	12e.	des Sept-Voies.	p. la r. d. Carm.	K 9
Bétisy.	4e.	du Roule.	des Bourdonnai.	K 6	Bois-de-Boulogne (pas. du).	5e.	Neuv.-d'Orléan.	du f. S.-Denis.	L 4
Beurre (marché au).	4e.	des Piliers.		K 6	Bon (Saint).	7e.	Jean-Pain-Moll.	de la Verrerie.	L 7
Beurrière.	11e.	du Vieux-Colombier.	du Four-S.-Ger.	H 8	Bon-Puits (cul-de-sac du).	12e.	Traversière.	p. la r. du Bon-Puits.	L 9
Bibliothèque (de la).	4e.	S.-Honoré.	Pl. de l'Oratoire.	J 6	Bonaparte (quai). V. Orsay.				
Bicêtre (prison et hosp. de) pour les hommes condamnés, fous, pauvres.		Extra muros.			Bonaparte. Voyez. St.-Germain-des-Prés.				
					Bondy (de).	5e.	du f. du Templ.	Porte S.-Martin.	L 4 - M 4
Biches (pont aux).	12e.	du P.-aux-Bich.		L 11	Bonne-Nouvelle (boulev).	3e.	S.-Denis.	Poissonnière.	K 4 - L 4
Bienfaisance (fontaine de la).	8e.	de Popincourt.		F 3					
Bienfaisance (de la).	1er.	du Rocher.	les Champs.	F 3	Bonne-Nouvelle (église Notre-Dame de), succursale.	5e.	N-Bonne-Nouv.	de la Lune.	K 4
Bièvre (pont de la).	12e.	Quai de l'Hôpit.		N 10					
Bièvre (de).	12e.	des Gr.-Degrés.	S.-Victor.	K 8 - L 8	Bonne-Nouvelle (quartier).	5e.			
Bignon (quai).	11e.	Petit-Pont.	Pont S.-Michel.	K 8	Bonne-Nouvelle (neuve de).	2e.	Beauregard.	R. Bonn.-Nouv.	J 5
Billard (passage du).	9e.	du Marc - Neuf.	de la Calandre.	K 7	Bons-Enfans (Pass. des).		N.-Bons-Enfan.	de Valois.	
Billettes (des).	7e.	de la Verrerie.	Ste -Croix-de-la-Bretonnerie.	K 7	Bons-Enfans (des).	2e. 4e.	S.-Honoré.	Baillif.	J 5 - J 6

RUES, PLACES, PASSAGES, QUAIS, PONTS, etc.	Arrondis.	TENANS.	ABOUTISSANS.	RENVOIS AU PLAN.	RUES, PLACES, PASSAGES, QUAIS, PONTS, etc.	Arrondis.	TENANS.	ABOUTISSANS.	RENVOIS AU PLAN.
Bons-Enfans (Neuve des).	2e.	Baillif.	Neuve-d.-Petits-Champs.	J 5	Bourdonnais (passage du-cul-de-sac des).	4e.	cul-de-sac des Bourdonnais.	Tirechape.	K 6
Bons-Enfans (passage de la rue Neuve des).	2e.	Neuve-d.-Bons-Enfans.	de Valois.	J 5	Bourdonnais (des).	4e.	Bétisy.	S.-Honoré.	K 6
Borda.	6e.	Montgolfier.	de la Croix.	M 5	Bourgeois (des Francs).	11e.	de Vaugirard.	Pl. S.-Michel	J 9
Bordet (carref. de la porte).	12e.	Descartes.	Mouffetard.	K 9	Bourgeois (des Francs).	7e.	Vieille rue du Temple.	Payenne.	M 7
Bordet. *Voyez* Descartes.	12e.				Bourgeois (des Francs).	8e.	d. Fos.-S.-Marc.	Pl. de la Collég.	L 12
Bornes (des Trois).	6e.	Folie-Méricourt.	S.-Maur.	O 5	Bourg-l'Abbé.	12e.	aux Ours.	Grenetat.	L 5
Bossuet.	6e.	Chanoinesse.	Pont de la Cité.	L 8	Bourgogne (de).	6e.	Quai d'Orsay.	de Varennes.	F 6 - F 7
Boucher.	9e.	de la Monnaie.	Thibautodé.	J 6 - K 6	Bourguignons (des).	10e.	Ch. des Capuc.	de Lourcine.	J 11-K 11
Boucherat (fontaine).	6e.	Bouchcrat.	Charlot.	N 5	Bourse (palais de la).	12e.	S.-Thomas.	N.-D.-des-Vict.	J 4
Boucherat.	6e.	des Fill.-du-Calvaire.	Charlot.	N 5 - N 6	Bourse (de la).	2e.	Pal. de la Bours.	N.-D.-des-Vict.	J 4
Boucherie des Inval. (de la).	10e.	Quai d'Orsay.	S.-Dominique.	E 6	Bourtibourg.	7e.	Ste.-Croix de la Bretonnerie.	Marché S.-Jean.	L 7
Boucheries (pas. des petites).	10e.	Neuve de l'Abb.	Ste.-Marguerit.	H 8	Bouteille.	11e.	de la Forchemincrie.	d. Foix.	K 8
Boucheries (des).	11e.	des F.-S.-Germain.	Ste.-Marguerit.	H 8 - J 8	Bouteille (cul-de-sac de la).	3e.	Montorgueil.	pr. la r. Tiquet.	K 5
Boucheries (des).	11e.				Bouton (ruelle de Jean).	8e.	de Charenton.	d. Charbonnier.	O 9 - P 9
Boucherie (de la Vieille).	2e.	S.-Honoré.	de Richelieu.	H 5	Bouvart (cul-de-sac).	12e.	S.-Hilaire.	vis-à-vis la rue d'Écosse.	K 9
Boucherie (de la Vieille).	11e.	de la Huchette.	de La Harpe.	K 8	Boyauterie (barrière de la).	5e.	Réceptacle des Immondices.		N 2
Boudreau.	1er.	Caumartin.	de Trudon.	G 4	Boyauterie (chemin de ronde de la barrière de la).	5e.	B. de la Boyaut.	Barr. de Pantin.	N 1 - N 2
Boulainvilliers (marché de).	1er.	du Bac.	de Beaune.	G 7	Boyauterie (chemin de ronde de la butte Chaumont.	5e.			N 2
Boulainvilliers (passage du marché).	10e.	du Bac.			Braque (de).	7e.	Sainte-Avoye.	du Chaume.	L 6 - M 6
Boulangerie génér. des Hôp.	12e.	du Fer-à-Moul.	S.-Victor.	L 11	Brasserie (cul-de-sac de la).	2e.	Traversière.	près la rue de l'Anglade.	H 5
Boulangers (des).	12e.	des F.-S.-Vict.	du f. S.-Antoin.	L 9	Bravo (du). *Voy.* r. de Seine.	11e.			J 8
Boule-Blanche (pass. de la).	8e.	de Charenton.		O 8	Bretagne (de).	6e.	de Beauce.	des F.-du-Calv.	M 6 - N 6
Boule-Rouge (pass. de la).	3e.	du f. Montmart.	Richer.	J 3 - K 3	Bretagne (Neuve de).	7e.	Boul. des Filles-du Calvaire.	des F.-du-Calv.	N 6
Boule-Rouge (de la).	3e.	du f. Montmart.	Richer.	J 3	Breteuil (avenue de).	10e.	Pl. Vauban.	de Sèvres.	E 8 - E 9
Boules (des Deux).	4e.	Bertin-Poiré.	des Lavandièr.	K 6	Breteuil (de).	10e.	pr. les Invalides.		E 9
Boulets (des).	8e.	de Charonne.	de Montreuil.	Q 7 - Q 8	Breton (pass. du).	6e.	Royale.	Marc. S.-Martin.	J 5
Boulay (du).	4e.	Croix-des-Pet.-Champs.	Coquillière.	J 5	Bretonnerie(Ste-Croix dela).	2e.	Montpensier.	Richelieu.	J 5
Bourbe (de la).	12e.	d'Enfer.	du f. S.-Jacques.	J 11	Bretonvilliers.	7e.	Sainte-Avoye.	V. r. du Templ.	L 6 - M 7
Bourbon (collége).	1er.	N.-Ste.-Croix.		G 3	Briare (cul-de-sac).	9e.	S.-Louis.	Quai de Béthun.	M 8
Bourbon (place du Palais).	10e.	de Bourgogne.		F 6	Brisemiche.	9e.	Quai Morland.	de Rochechouar.	K 2
Bourbon (quai).	9e.	S.-Louis.	Pont-Marie.	L 8	Brodeurs (des).	7e.	du Cl. S.-Merry.	N.-S.-Merry.	L 6
Bourbon (de).	10e.	des Sts.-Pères.	de Bourgogne.	F 6 - H 7	Bûcherie (de la).	10e.	de Babylone.	de Sèvres.	F 8 - F 9
Bourbon (le Château).	4e.	Cour Abbatiale.	de Bussy.	H 8		12e.	du Petit-Pont.	Place Maubert.	K 8
Bourbon (du Petit).	11e.	Pl. S.-Sulpice.	de Tournon.	H 8					
Bourbon-Villeneuve.	5e.	S.-Denis.	P.-Carreau.	K 4 - L 4					
Bourdon (boulevard).	9e.	Quai Morland.	S.-Antoine.	N 8 - N 9					
Bourdonnais (avenue de la).	10e.	de l'Université.	Av. de la Motte-Piquet.	C 6 - D 7					
Bourdonnais (de la).	10e.	Av. de Lowend.	Av. de Tourvill.	D 8					
Bourdonnais (cul-de-sac des).	4e.	d. Bourdonnais.	de la Limace.	K 6					

RUES, PLACES, PASSAGES, QUAIS, PONTS, etc.	Arrondiss.	TENANS.	ABOUTISSANS.	RENVOIS AU PLAN.	RUES, PLACES, PASSAGES, QUAIS, PONTS, etc.	Arrondiss.	TENANS.	ABOUTISSANS.	RENVOIS AU PLAN.
Buffault (de).	2e.	du f. Montmart.	Coquenard.	J 3	Canettes (des Trois).	9e.	de la Licorne.	Parv.-N.-Dame.	K 8
Buffon (de).	12e.	Boul. de l'Hôpit.	du Jardin du Roi.	L10-M10	Canivet (du).	11e.	Férou.	Servandoni.	H 8
Buisson St.-Louis.	5e.	St.-Maur.	Barr. de la Chop.	O 3-O 4	Capucines (boulevard des).	1er.	N. d. Capucines.	de la pl. Vend.	G 4-H 4
Bureau A de la poste aux lett.	4e.	Lenoir-St.-Hon.		K 6	Capucines (fontaine des).	1er.	v.-à-v. la P. Ven.	S.-Honoré.	G 5
B.	7e.	des Bail.-S.-Ant.		M 7	Capucins (des).	12e.	de la Santé.	du f. S.-Jacques.	J 11
C.	2e.	du Gr.-Chantier		M 6	Capucins (des).	12e.	du f. S.-Jacques.	Champ-des-Cap.	K 9
D.	5e.	Beauregard.		K 4-L 4	Capucins (Neuve des).	1er.	B. de la Madelei.	de la Paix.	G 4
E.	1er.	Duplot.		G 4	Cardinale.	10e.	N.-de-l'Abbaye.	de Furstemberg.	H 8
F.	10e.	de Verneuil.		H 7	Carême-Prenant.	5e.	du f. du Templ.	de l'Hospice-S.-Louis.	N 3-N 4
G.	11e.	d.Coadef.-S.-G.		J 8	Cargaisons (cul-de-sac des).	9e.	des Cargaisons.	près la r. de la Calandre.	K 8
H.	11e.	Place S.-Sulpic.		H 8					
Bussy (carrefour de).	10e.	de Bussy.	Dauphine.	J 8	Cargaisons (des).	9e.	Marché-Neuf.	de la Calandre.	K 7-K 8
Bussy (de).	10e.	Mazarine.	Ste.-Marguerite.	H 8-J 8	Carmélites (caserne des).	10e.	de Grenelle.		F 7
Buttes (des).	8e.	de Reuilly.	Picpus.	Q10-R9	Carmélites (cul-de-sac des).	12e.	S.-Jacques.	p. le Val-de-Gr.	L 10
Buvette (ruelle de la).	1er.	All. des Veuves.	les Jardins.	D 4-D 5	Carmes (carrefour des).	12e.	du f. S.-Jacques.	p. le Val-de-Gr.	
					Carmes (carrefour des).	12e.	S.-Victor.	Pl. Maubert.	K 9
Cadastre de France.	3e.	de Cléry.		K 4	Carmes (église des).	11e.	de Vaugirard.		H 9
Cadet.	2e.	Bleue.	du f. Montmart.	J 3-K 3	Carmes (marché des).	12e.	Nl.-Ste.-Genev.	des Noyers.	K 9
Cadran (du).	3e.	du Petit-Carr.	Montmartre.	K 5	Carmes (des).	12e.	des Noyers.	S.-Hilaire.	K 8-K 9
Café de Foi (passage du).	2e.	Montpensier.	Richelieu.	J 5	Caron.	12e.	Marché Ste.-Cat.	de Jarente.	M 7
Café de Malte (passage du).	6e.	S.-Martin.	Boul. S.-Martin.	L 4	Carpentier.	8e.	Cassette.	du Gindre.	H 8
Café du Parnasse (passage du).	4e.	d. Prêt-S.-Germain-l'Auxer.	Quai de l'École.	J 6-J 7	Carreau (du Petit).	3e.	du Cadran.	de Cléry.	K 5
					Carvières (des).	5e.	les Champs.	Carr. des Batail.	B 5
Caffarelli. V. de la Rotonde.					Carrousel (place du).	1er.	v.-à-v. les Tuil.		H 6
Caillou (pompe du Gros).	10e.	Quai d'Orsay.		D 6	Carrousel (du).	1er.	Pl. du Carrous.	Pl. du Muséum.	H 6
Caire (passage du).	5e.	S.-Denis.	Pl. du Caire.	K 4-L 5	Cascade (fontaine de la).	1er.	Boul. S.-Martin.	Samson.	M 4
Caire (passage du).	5e.	des Filles-Dieu.	Pl. du Caire.	K 4	Cassette.	11e.	de Vaugirard.	du V.-Colomb.	H 8-H 9
Caire (place du).	5e.	Bourbon-Villen.		K 4	Cassini (cul-de-sac).	11e.	Cassini.	vis-à-vis le n° 4.	H 11
Caire (du).	5e.	S.-Denis.	Pl. du Caire.	K 4-L 5	Cassini.	12e.	du f. S.-Jacques.	cul-de-sac de l'Observatoir.	H 11-J 11
Caisse des dépôts et consig.	4e.	de l'Oratoire.		J 6	Castex.	9e.	de la Cerisaie.	S.-Antoine.	N 8
Caisse de Poissy.	3e.	du Gros-Chenet.	n° 25.	K 6	Castiglione (de).	1er.	de Rivoli.	S.-Honoré.	G 5
Caisse synd. des Boulangers.	3e.	du Gros-Chenet.	n° 19.	K 4	Catacombes.	12e.	Barr. d'Enfer.		H 12
Calandre (de la).	9e.	du Marché-Palu.	de la Barillerie.	K 7-K 8	Catacombes (dép. des cartes).	12e.	d'Enfer.	vis-à-vis la rue du Ponceau.	I 11
Calvaire (boul. des Filles du)	8e.	du P.-sux-Chou.	des Fill.-du-Cal.	N 6	Catherine (cour Sainte).	5e.	S.-Denis.	Idem.	L 5
Calvaire (carr. des Filles du).	7e.	d. Fill.-du-Calv.	Boul. du Templ.	N 6	Catherine (cul-de-sac Ste.).	5e.	S.-Denis.	cul-de-sac de la Poissonnerie.	L 5
Calvaire (des Filles du).	6e.	S.-Louis.	Boul. du Templ.	N 6	Catherine (fontaine Sainte).	8e.	d'Ormesson.		M 7
Cambrai (place du).	8e.	S.-Jacques.	v.-à-v. S.-Benoît.	K 9	Catherine (Marché Sainte).	8e.	d'Ormesson.		M 7
Campement et équip. militaires (administ. centrale).	12e.	de Vaugirard.		F 9	Catherine (Culture Sainte).	8e.	S.-Antoine.	du Parc-Royal.	M 7
Canal de l'Ourcq (pompe du).	5e.	Bar. de la Villet.		N 1	Catherine (Sainte).	11e.	S.-Dominique.	S.-Thomas.	J 9
Canettes (des).	11e.	Pl. S.-Sulpice.	du Four.	H 8					

RUES, PLACES, PASSAGES, QUAIS, PONTS, etc.	Arrondiss.	TENANS.	ABOUTISSANS.	RENVOIS AU PLAN.	RUES, PLACES, PASSAGES, QUAIS, PONTS, etc.	Arrondiss.	TENANS.	ABOUTISSANS.	RENVOIS AU PLAN.
Catherine (Neuve Sainte).	8e.	Payenne.	S.-Louis.	M 7 - N 7	Chantier (du Grand).	7e.	Vlles. Audriett.	Pastourelle.	M 6
Caumartin.	1er.	Basse-du-Remp.	N.-des-Mathur.	G 5 - G 4	Chantre (du).	4e.	S.-Honoré.	Pl. de l'Oratoir.	J 6
Célestins (Caserne des).	9e.	du Petit-Musc.		M 8 - N 8	Chantres (des).	9e.	Basse-des-Ursin.	Chanoinesse.	L 8
Célestins (quai des).	9e.	P. de Grammon.	S.-Paul.	M 8	Chanvrerie (de la).	4e.	S.-Denis.	Mondétour.	K 6
Cendrier (cul-de-sac du).	1er.	Pass. du Cendr.	près la r. Basse-du-Rempart.	H 4	Chapelle (de la).	5e.	Chât.-Landon.	Chem. de ronde d. la bar. Ver.	M 1 - M 2
Cendrier (passage du).	1er.	Basse-du-Remp.	N.-du-Mathur.	H 3 - H 4	Chapelle (cour de la Sainte).	11e.	de la Barillerie.	Pal. de Justice.	K 7
Cendrier (du).	12e.	des F.-S.-Marc.	du Marché-aux-Chevaux.	L 11	Chapelle (église de la Sainte).	11e.	cour de la Ste.-Chapelle.		K 7
Censier.	12e.	Mouffetard.	du Jard.-du-Roi.	L 10 - L 11					
Cerf (passage du Grand).	5e.	du Ponceau.	S.-Denis.	L 5	Chapon.	7e.	du Temple.	Transnonain.	L 5 - M 6
Cerf (pas. de l'anc. Grand).	5e.	S.-Denis.	des Deux-Portes	K 5	Charbonniers (cul-de-sac d.).	8e.	d. Charbonniers.	pr. la r. de Charenton.	O 9
Cerisaie (de la).	9e.	Cour des Salpêt.	du Petit-Musc.	N 8	Charbonniers (des).	8e.	de Charenton.	de Bercy.	O 9 - O 10
Cerisaie (Neuve de la).	9e.	Boul. Bourdon.	Lesdiguières.	N 8	Charbonniers (des).	8e.	d. Bourguignon.	des Lyonnais.	K 11
Cérutti. Voyez d'Artois.					Charenton (barrière de).	8e.	Charenton.		O 11
Chabannais.	2e.	N.-des-Pet.-Ch.	Ste.-Anne.	J 5	Charenton (de).	8e.	Pl. S.-Antoine.	B. de Charenton.	O 8 - Q 11
Chabrol.	3e.	faub. Poissonièr.	faub. S.-Denis.	L 2	Chariot-d'Or (passage du).	6e.	Grenetat.	du Gr.-Hurleur.	L 5
Chaillot (pompe de).	1er.	Quai de Billy.		C 5	Charité (hôpital de la).	10e.	Taranne.	pr. la r. des Sts.-Pères.	H 7
Chaillot (de).	1er.	de Longchamp.	Av. de Neuilly.	B 5 - C 4	Charité (fontaine de la).	10e.			H 7
Chaise (pass. de la Petite).	7e.	Planche-Mibray.	S.-Jacques-de-la-Boucherie.	K 7	Charité (de la).	5e.	S.-Laurent.	Boul. du Templ.	M 3
Chaise (de la).	10e.	de Sèvres.	de Grenel.-S.-G.	G 8	Charlemagne (collège).	6e.	de Bretagne.		M 6 - N 5
Champ-de-Mars.	10e.	v.-à-v.l'É.-Milit.		C 7	Charlot.	9e.	S.-Antoine.		M 7
Champ (du Petit).	12e.	du Champ-de-l'Alouette.	de la Glacière.	K 12	Charles (pont Saint).	9e.	dans l'Hôt.-Dieu.		K 8
Champ (Croix-des-Petits).	3e. 4e.	S.-Honoré.	Pl. des Victoir.	J 5 - J 6	Charnier-d.-Innoc.(pas.du)	4e.	de la Lingerie.	S.-Denis.	K 6
Champs-Élys. (avenue des).	1er.	Pl. Louis XV.	Étoile des Ch.-Elysées.	E 4 - F 5	Charonne (des).	8e.	bar. Fontarabie.	des V.-August.	O 8 - R 7
Champs-Ély. (promen. des).	1er.	Pl. Louis XV.	Étoile idem.	E 5 - F 5	Charost (pass. de l'hôtel).	3e.	des V.-August.	Montmartre.	K 5
Champs-Ely. (quartier des).	1er.	de Longchamp.	les champs.	B 5	Chartière.	12e.	duM.-S.-Hilaire.	de Reims.	K 9
Champs (des).	1er.	Neuve-des-Bons-Enfans.	de la Paix.	H 4 - J 5	Chartres (barrière de).	1er.	Parc de Mouc.		D 5
Champs (Neuve des Petits).	2e. 3e.				Chartres (de).	3e.	Pl. du Carrousel.	Pl. du P.-Royal.	H 6
Champs (des Petits).		Beaubourg.	S.-Martin.	L 6	Chartres (de).	1er.	de Moucceaux.	Bar. de Courcel.	D 2 - D 3
Chandeliers (ruelle d. Trois).	8e.	des Quatre-Chemins.	Montgallet.	Q 10 - Q 11	Chartreux (passage des).	3e.	de la Tonnellerie.	Traînée.	K 6
Chandeliers (des Trois).	11e. 4e.	de la Huchette.	Quai S.-Michel.	K 8	Chat-Blanc (cul-de-sac du).	6e.	S.-Jacques-de-la-Boucherie.	p. la r. S.-Denis.	K 7
Change (pont au).	4e. 7e.	Pl. du Châtelet.	de la Barillerie.	K 7	Château-Frileux. V. Frileuse.				J 5
	11e.				Château-Landon (de).	5e.	du f. S.-Martin.	Bar. des Vertus.	L 7
Chanoinesse.	9e.	de la Colombe.	Bossuet.	L 8	Château-qui-Pêche (du).	11e.	de la Huchette.	Quai S.-Michel.	M 2 - N 1
Chantereine.	2e.	de la Ch.-d'Ant.	du f. Montmart.	H 3 - J 3	Châtelet (place du).	4e. 7e.	p. le P.-au-Chan.		K 7
					Chauchat.	2e.	de Provence.	Chantereine.	J 3
					Chaudron (fontaine du).	5e.	du Chemin-de-Pantin.		N 1

RUES, PLACES, PASSAGES, QUAIS, PONTS, etc.	Arrondis.	TENANS.	ABOUTISSANS.	RENVOIS AU PLAN.	RUES, PLACES, PASSAGES, QUAIS, PONTS, etc.	Arrondis.	TENANS.	ABOUTISSANS.	RENVOIS AU PLAN.
Chaudron (du).	5e.	Chât.-Landon.	du f. S.-Martin.	N 1	Cholets (pass. des).	12e.	des Cholets.	S.-Jacques.	K 9
Chaume (du).	7e.	desBlancs-Mant.	de Braque.	L 6 - M 6	Cholets (des).	12e.	S. - Étien.- des - Grés.	de Reims.	K 9
Chaumière (jardin de la).	11e.	Boul. du Mont-Parnasse.		H 10	Chopinette (barrière de la).	5e.	butte Chaumont.		O 3
Chaumont (cour d. Dam-S.).	6e.	S.-Denis.	du Ponceau.	L 4	Chopinette (chemin de ronde de la barrière de la).	5e.	Bar. de la Cho-pinette.	Bar. du Combat.	O 2 - O 3
Chaumont (pas. d. Dam.-S.).	6e.	S.-Denis.	du Ponceau.	L 5	Chopinette (de la).	5e.	S.-Maure.	Bar. de la Chop.	N 3 - O 3
Chaumont (de la butte).	5e.	du f. S.-Martin.	Bar. du Combat.	N 2	Christine.	11e.	d. Gr. August.	Dauphine.	J 7
Chaus.-d'Antin(quart de la).	2e.				Christophe (Saint).	9e.	Pl.duPar.-N.-D.	de la Juiverie.	K 8
Chaussée d'Antin (de la).	1er.	S.-Lazare.	Boul. d. Capac.	H 3 - H 4	Chaute-d'Eau (font. de la).	11e.	Pl. de l'École-de-Médecine.		J 8
Chau.-des-Minimes (de la).	8e.	Place Royale.	Neuv.-S.-Gilles.	N 7	Cirque (pass. du).	1er.	S.-Honoré.	du Mont-Tabor.	G 5
Chemin-de-Lagny (du).	8e.	des Ormeaux.	du f. S.-Antoine.	R 9	Cisalpine. V. Valois.				
Chemin-de-Pantin (du).	5e.	barr. de Pantin.	du f. S.-Martin.	N 1	Ciseaux (des).	10e.	Ste.-Marguerite.	du Four.	H 8
Chemin-Vert (du).	8e.	Popincourt.	Boul. S.-Antoin.	N 7 - O 6	Cité (Ile de la). V. du Palais.	9e.			J 7 - L 8
Chemin-de-la Voirie(du).	5e.	de la Chapelle.	Chât.-Land.	M 1	Cité (pont de la).	11e.			L 8
Chemins (ruelle des quatre).	8e.	de Marengo.	de Reuilly.	Q 10 - Q 11	Cité (quai de la).	9e.	S.-Louis.	Bossuet.	K 7 - L 8
Cheminées (car. desQuatre).	2e.	d'Anglade.	Ste.-Anne.	H 5	Cité (quartier de la).	9e.	Pont Not.-Dam.	Pont de la Cité.	K 7
Cherche-Midi (du).	11e.	du Regard.	Pl. de la Croix-Rouge.	G 9 - H 8	Cité (pas. du théâtre de la).	9e.	Quai Desaix.	de la Vieil.-Draperie.	
Chevalier-Vert (du). V. rue des Irlandais.	10e.				Cité (passage de la).	9e.	de la Barillerie.	de la Vile.-Drap.	K 7
Chev.-du-Guet (c.-de-s.du).	4e.	du Ch.-du-Guet.	p. la r. S.-Denis.	K 7	Clairvaux (cul-de-sac).	7e.	S.-Martin.	près la place de la Réunion.	L 6
Chev.-du-Guet (place du).	4e.	rue de ce nom.		K 7	Clamart (cimetière de).	12e.	d. fos. S.-Marcel		L 11
Chevalier-du-Guet (du).	4e.	d. Lavandières.	Pl. du Chevalier-du-Guet.	K 6 - K 7	Clamart (car. de la croix de).	12e.	du Jar.-du-Roi	Fer-à-Moulin.	L 11
Chevaux (avenue du marché aux).	12e.	du M. aux Chev.	Bar. de l'Hôpit.		Claude (cul-de-sac Saint).	3e.	Montmartre.	vis-à-vis la rue du Cadran.	K 5
Chevaux (cul-de-sac du marché aux).	12e.	du Marché-aux-Chevaux.	p. la r. du Cen-drier.	L 11	Claude (cul-de-sac Saint).	8e.	S.-Claude.	p. la r. S.-Louis.	N 6
Chevaux (marché aux).	12e.	Boul. de l'Hôpit.	Poliveau.	M 11	Claude (cul-de-sac Saint).	8e.	V. rue Lacuée.		N 9
Chevaux (du marché aux).	12e.	Poliveau.		L 11-M 12	Claude (Saint).	5e.	de Cléry.	Sie.-Foy.	L 4
Chevert (de).	10e.	Av. de la Motte-Piquet.	Av.de Tourvill.	D 8 - E 7	Claude (Saint).	8e.	S.-Claude.	Boul. S.-Antoin.	N 6
Chevert (petite rue de).	10e.	de Chevert.	Av. de la Motte-Piquet.	D 7	Clef (de la).	12e.	Copeau.	d'Orléans.	L 10
Chevet-S.-Landry.	9e.	d. Marmouzets.	Rue des-Ursins.	K 7	Clément.	11e.	Mabillon.	de Seine.	H 8
Chevreuse (de).	11e.	Boul. Mout-Parnasse.	Notre-Dame-d.-Champs.	H 10	Cléry (de).	5e.	Montmartre.	Porte S.-Denis.	K 5 - L 4
Childebert	10e.	Ste.-Marguerite.	Ste.-Marthe.	H 8	Clichy (barrière de).	2e.	Clichy, Anières.	Argenteuil.	G 1
Chilpéric.	4e.	de l'Arbre-Sec.	Pl. S.-Germain-l'Auxerrois.	J 6	Clichy (chemin de ronde de la barrière de).	1er.	Bar. de Clichy.	Bar. de Mouceau.	F 1 - G 1
Chinois (Bains).	2e.	Boul. d. Italiens.		H 4	Clichy (de).	1er.	S.-Lazare.	Bar. de Clichy.	G 1 - H 3
Choiseul.	2e.	Boul. d. Italiens.	Neuve-S. - Aug.	H 4	Clinique interne (hosp. de).	2e.			H 4
Cholets (cour des).	12e.	des Cholets.	p. la r. S.-Étien.-des-Grés.	K 9	Clinique de la Faculté de médecine (hospice).	11e.	de l'Observance		J 8

RUES, PLACES, PASSAGES, QUAIS, PONTS, etc.	Arrondiss.	TENANS.	ABOUTISSANS.	RENVOIS AU PLAN.	RUES, PLACES, PASSAGES, QUAIS, PONTS, etc.	Arrondiss.	TENANS.	ABOUTISSANS.	RENVOIS AU PLAN.
Cloche-Perche.	7e.	S.-Antoine.	du Roi-de-Sicile.	M 7	Côme (église Saint).	11e.	Éc.-de-Médeci.	de La Harpe.	J 8
Clopin (cul-de-sac).	12e.	Descartes.	vis-à-vis la rue des Prêtres.	K 9	Côme (fontaine Saint).	11e.	Éc.-de-Médeci.		J 8
Clopin (cul-de-sac).	12e.	d'Arras.	vis-à-vis la rue Clopin.	L 9	Comédie (pass. de la).	2e.	S.-Honoré.	de Richelieu.	H 5-H 6
Clopin.	12e.	d. fos. S.-Victor.	Bordet.	K 9-L 9	Comète (de la).	10e.	S.-Dominique.	de Grenelle.	D 6-D 7
Clos-George (du).	2e.	Traversière.	Ste.-Anne.	H 5	Commandant en chef d. Paris (hôtel du).	1er.	Pl. Vendôme.		G 5
Clos-Payen (passage du).	12e.	du Pot.-Champ.	Bar. d. Gobelins	K 12-K 13	Commerce (passage du).	11e.	S.-André-d.-Ars	de l'Éc.-de-Méd.	J 8
Clotilde.	12e.	Vieil-Estrapade	Clovis.	K 9-K 10	Commerce (cour du).	6e.	des Écrivains.	du Petit-Crucifix	K 7
Clovis.	12e.	S.-Victor.	Pl. du Carré Ste.-Geneviève.	K 9	Commerce (pass. du).	6e.	Phelippeaux.	p. far. d. Vertus.	M 5
Cluny (hôtel de).	11e.	d. Mathur.-S.-J.		K 8	Comm. (pass. de la cour du).	11e.	S.-André-d.-Ars	d. l'Éc.-de-Méd.	J 8
Cluny (passage de).	11e.	Pl. Sorbonne.	des Grés.	J 9	Comm. (pass. de la cour de).	5e.	S.-Jacques-de-la-Boucherie.	des Écrivains.	K 7
Cluny (de).	11e.	des Grés.	Place Sorbonne.	J 9	Commerce (du).	6e.	Enclos de la Trinité.	Grenéta.	L 5
Cocatrix.	9e.	S.-Pierre-aux-Bœufs.	d. Trois Canett.	K 8	Conciergerie (prison de la).	11e.	Cour du palais de Justice.		K 7
Cœur-Volant (du).		d. Quatre-Vents	des Boucheries.	J 8	Concorde (place de la). V. Louis XV.	1er.			
Cœur-Volant (du).		de Chaillot.	les champs.	B 5	Concorde (Pont de la). V. Louis XVI.	1er.			
Coches (cour des). V. cour du Retiro.	1er.				Concorde (de la). V. Royale.	10e.			
Coches (pas. de la cour des). V. du Retiro.	1er.				Condé (de).	11e.	Pointe-S.-Eusta. des Boucheries.	Mauconseil. de Vaugirard.	K 5 J 8-J 9
Cochin (hôpital).	12e.	du f. S.-Jacques.		J 12	Conseils de guerre (hôtel d.).	11e.	du Cherche-Midi		G 9
Colbert (fontaine).	2e.	Colbert.	derrière le Trés. Royal.	J 4	Conservatoire (font. du).	6e.	pl. du Marché Saint-Martin.		L 5
Colbert.	2e.	Vivienne.	de Richelieu.	J 4	Conservatoire de musique et de déclamation.	3e.	Montgolfier. Pont-Neuf.	Vaucanson. Pont des Arts	L 5
Collège de France.	12e.	Pl. Cambrai.	Col. de France.	K 9	Conté.	10e.			D 5-E 5
Collégiale (place de la).	12e.	près la place S.-Marcel.		L 11	Conti (quai de).	10e.	Q. de la Confér.	Quai de Pilly-	D 5-F 5
Colombe (de la).	9e.	Basse-d.-Ursins.	d. Marmouzets.	L 7	Conférence (port de la).	1er.	Pont Louis XVI.	Cours-la-Reine.	K 3
Colombier (du).	10e.	de Seine.	S.-Benoît.	H 7	Conférence (quai de la).	2e.	Bergère.		
Colombier (du vieux).	10e.	car. de la Croix-Rouge.	Pl. S.-Sulpice.	H 8	Contrat-Social.	3e.	des Prouvaires.	de la Tonnelier.	K 6
Colombier (Neuve du).	8e.	S.-Antoine.	M. Ste.-Cather.	M 7	Contrescarpe.	11e.	Dauphine.	S.-André-d.-Ars	J 8
Colonne de la grande armée.	1er.	Pl. Vendôme.		G 5	Contrescarpe.	12e.	de Fourcy.	d. fos.-S.-Victor	K 10
Colonne de Médicis.	4e.	de Viarmes.	Feydeau.	J 5	Contrescarpe (de la).	9e.	Quai Morland.	de Charenton.	N 8-N 9
Colonnes (des).	2e.	Neuv. d. Fossés-S.-Thomas.			Contributions directes (direction des).	11e.	de Touraou.		H 8
Colysée (du).	1er.	du f. S.-Honoré.	Av. de Neuilly.	D 4-E 4	Contributions directes (inspection générale des).	7e.	d. Francs-Bourgeois, au Mar.		M 7
Combat (barrière du).	5e.	Spect. du Comb. du taureau.	Route de Meaux.	N 2	Contributions indirectes (direction des).	7e.	Ste.-Avoye.		L 6
Combat d'animaux. (Spect.).	5e.	Bar. du Combat.		N 2	Convention (de la). Voyez Dauphin.				
Combat (chemin de ronde de la barrière du).	5e.	Bar. du Combat.	Barrière de la Boyauterie.	N 1-N 2					

RUES, PLACES, PASSAGES, QUAIS, PONTS, etc.	Arrondiss.	TENANS.	ABOUTISSANS.	RENVOIS AU PLAN.	RUES, PLACES, PASSAGES, QUAIS, PONTS, etc.	Arrondiss.	TENANS.	ABOUTISSANS.	RENVOIS AU PLAN.
Copeau.	12e.	S.-Victor.	Mouffetard.	K 10-L 10	Cours-la-Reine (avenue da).	1er.	Place Louis XV.	Quai de Billy.	C 5 - F 5
Coq-S.-Honoré (du).	4e.	Pl. de l'Oratoire.	S.-Honoré.	J 6	Courty (de).	10e.	de Bourbon.	de l'Université.	F 6
Coq-S.-Jean (du).	7e.	Tixeranderie.	de la Verrerie.	L 7	Coypat (cul-de-sac). V.				J 3
Coq-Héron.	3e.	Coquilière.	Pagevin.	J 5	cour des Deux Sœurs.				
Coquenard (cul-de-sac).	2e.	Coquenard.	p. la r. de Buffau.	J 2 - J 3	Crébillon (rle).	11e.	Condé.	Pl. de l'Odéon.	J 8
Coquenard.	2e.	du f. Montmart.	Rochechouart.	J 3 - K 3	Croissant (du).	3e.	du Gros-Chenet.	Montmartre.	K 4
Coquerelle (cul-de-sac).	7e.	des Juifs.	vis-à-vis la rue des Rosiers.	M 7	Croix (cul-de-sac Sainte).	7e.	des Billettes.	p. la r. Ste.-Croix de la Bretonn.	L 7
Coquilles (des).	7e.	Tixeranderie.	de la Verrerie.	L 7	Croix (place Sainte).	1er.	Rue de ce nom.		G 3
Coquilière.	3e.	Croix-d.-Petits-Champs.	Pl. S.-Eustache.	J 5 - K 5	Croix-Blanche (pas. de la).	9e.	S.-Denis.	Bourg-l'Abbé.	G L 5
Cordeliers (fontaine des).	11e.	É.-de-Médecine.	p. la r. du Paon.	J 8	Croix (pass. de Sainte).	7e.	Ste.-Croix de la Bretonnerie.	Cul-de-sac Ste.-Croix.	L 7
Corderie (cul-de-sac de la).	2e.	de la Corderie.		H 5	Croix (de la).	6e.	N.-S.-Laurent.	Phelippeaux.	M 5
Corderie (de la).	6e.	de Beauce.	du Temple.	M 5	Croix (Sainte).	9e.	Gervais-Laurent.	de la Vlle.-Draperie.	K 7
Corderie (de la).	7e.				Croix (Neuve Sainte).	1er.	S.-Lazare.	S.-Nicolas.	G 3
Cordiers (de la).	2e.	Mar.-des-Jacob.	Neuve-S.-Roch.	H 5	Croix-Blanche (de la).	7e.	V. r. du Temple.	Bourtibourg.	L 7
Cordiers (des).	11e.	S.-Jacques.	de Cluny.	J 9 - K 9	Croix-Boissière. (de la).	1er.	les champs.	Carr. des Battuill.	B 5
Corues (des).	12e.	Banquier.	des Fossés-S.-Marcel.	L 11-L 12	Croix-Clamart (pont de la).	10e.	du J. des Plant.		L 11
Corps-Législatif (place du). V. du Palais Bourbon.					Croix-Rouge (carref. de la).	10e.	de Sèvres.	du Four.	H 8
Corroirie (de la).	7e.	Beaubourg.	S.-Martin.	L 6	Croulebarbe (barrière de la).	12e.	Gentilly.	Bicêtre, Villej.	K 13
Cossonnerie (de la).	4e.	S.-Denis.	Place du carré de la Halle.	K 6	Croulebarbe (pont de).	12e.	B. des Gobelins.		K 13
Cotte (de).	8e.	S.-Antoine.	Mar. Beauvean.	P 8 - P 9	Croulebarbe.	12e.	Mouffetard.	Boul. des Gobel.	K 12-L 12
Coupe (fontaine de la).	11e.	Cour latérale du Pal. des Pairs.		J 9	Crucifix (du Petit).	6e.	S.-J. de la Bou.	Cloît. S.-Jacq. la Boucherie.	L 7
Cour des Comptes.	11e.		cour de la Ste.-Chapelle.	K 7	Crussol (du).	6e.	des Fossés-du-Temple.	Folie-Méricourt.	N 5 - O 5
Courbaton (cul-de-sac).	4e.	Je l'Arbre-Sec.	pr. la r. d. Foss.-S.-Ger.-l'Auz.	J 7 - J 6	Cuirs (halle aux).	5e.	Maucouteil.	Plaine de Gren.	K 5
Courcelles (barrière de).	1er.	Villiers.	la Planche.	D 2	Cunette (barrière de la).	10e.			A 7
Courcelles (chemin de ronde de la barrière de).	1er.	Bar. de Courcell.	Bar. du Roule.	C 6	Cygne (du).	5e.	Mouffetour.	S.-Denis.	K 5 - K 6
Courcelles (de).	1er.	de la Pépinière.	Mouceau.	D 3 - E 3	Cylindre (fontaine da).	11e.	Cour de la Ste.-Chapelle.		K 7
Couronne (passage de la).	4e.	des Bourdonn.	Tirechape.	K 6	Cylindre (fontaine du).	2e.	des Moineaux.	des Moulins.	H 5
Couronnes (bar. des Trois).	6e.	Pré S.-Gervais.	Romainville.	P 4	Dame (église Notre)	9e.	Ile de la Cité.		K 8
Couronnes (chemin de ronde de la barrière des Trois).	6e.	Bar. des 3 Cour.	Bar. de Rampon.	P 4	Dauciette (da).	5e.	Bourbon-Villen.	Cour d. Miracles	K 4 - K 5
Couronnes (des).	6e.	S.-Maur.	Bar. des 3 Cour.	O 5 - P 4	Dauphin (place).	11e.	de Rivoli.	S.-Honoré.	H 5
Couronnes (des Trois).	12e.	Car.S.-Hippolyt.	Mouffetard.	L 11			Pl.du Pont-Neuf		J 7
Courtalon.	4e.	S.-Denis.	Pl. Ste .-Oppor.	K 6	Dauphine.	10e.	Pont-Neuf	Carref. Bussy.	J 7 - J 8
Courtille (caserne de la).	6e.	du f. du Templ.		L 6	Dauphine (fontaine des).	8e.	S.-Antoine.	de Charonne.	O 8
Coutellerie (de la).	7e.	des Arcis.	Jean-de-l'Épine.	L 6	Debilly (quai de).	1er.	Allée des Veuv.	Bar. de Passy.	A 7 - G 5
Coutures S.-Gervais (des).	8e.	V. r. du Templ.	Thorigny.	M 6	Denaix (fontaine).	7e.	Place Thionville		J 7
					Déchargeurs (des).	4e.	desMauv.-Parol.	de la Ferronner.	K 6

RUES, PLACES, PASSAGES, QUAIS, PONTS, etc.	Arrondiss.	TENANS.	ABOUTISSANS.	RENVOIS AU PLAN.	RUES, PLACES, PASSAGES, QUAIS, PONTS, etc.	Arrondiss.	TENANS.	ABOUTISSANS.	RENVOIS AU PLAN.
Degrés (des).	5e.	Beauregard.	de Cléry.	L 4	Doubles (pont aux).	9e.	Quai de l'Archevêché.	de la Bûcherie.	K 8
Degrés (des Grands).	12e.	Place Maubert.	de la Tournelle.	K 8 - L 8	Douze-Portes (des).	12e.			
Delaunay (cul-de-sac).	8e.	de Charonne.	près la rue de la Muette.	Q 7	Doyenné (cul-de-sac). Dém. pour la réunion du Louvre aux Tuileries.	8e.	Neuve S.-Pierre.	S.-Louis.	N 6
Delorme (pass. de la galer).	1er.	de Rivoli.	S.-Honoré.	H 5		1er.			
Delta (jardin du).	2e.	du f. Poissonn.		K 1					
Demi-Saint (du).	4e.	Childéric.	des Fos.-S.-Germain-l'Auxer.	J 6	Doyenné (du). Démolie idem	1er.			
					Dragon (cour du).	10e.	de l'Égoût.	Carref S.-Benoît du Dragon.	H 8
Denis (boul. Saint).	6e.	Porte S.-Martin.	Porte S.-Denis.	L 4	Dragon (pass. du).	10e.			H 8
Denis (barr. Saint).	5e.	S.-Denis.	Montm. Écouen.	M 1	Dragon (du).	10e.	Taranne.	de Grenel.-S.-G.	H 8
Denis (chemin de ronde de la barrière Saint).	5e.	barr. S.-Denis.	Bar. Poissonnière.	L 1 - M 1	Draperie (de la Vieille).	9e.	Place du Palais de Justice.	de la Juiverie.	K 7
Denis (église S.), succur.	8e.	S.-Louis.		N 6	Droit (école de).	12e.	Pl. du Panthéon		K 9
Denis (Saint).	4e.	Saint-Jacq. de la Boucherie.	Porte S.-Denis.	K 7 - L 4	Droits-Réunis (hôtel de l'administration générale des).	7e.	Ste.-Avoye.		L 6
	5e.								
Denis (Saint).	8e.	du f. S.-Antoin.	de Montreuil.	Q 8 - R 9	Duguay-Trouin.	11e.	Madame	de Fleurus.	H 9
Denis (du faubourg Saint).	5e.	Porte S.-Denis.	Barr. S.-Denis.	L 4 - M 1	Duguesclin.	8e.	Bayard.	Duplex.	C 8
Denis (Neuve Saint).	3e.	S.-Denis.	S.-Martin.	L 4	Duphot.	1er.	Boul. de la Madeleine.	S.-Honoré.	G 4
Dervillé.	12e.	du Champ-de-l'Alouette.	des Anglaises.	K 12	Duplex (place).	10e.	Bar. de Grenelle		B 8 - C 8
Desaix (quai).	9e.	Pont N.-Dame.	Pont-au-Change	K 7	Duplex.	10e.	B r. de Grenelle	Av. de Suffren.	B 8 - C 8
Desaix.	10e.	Suffren.	Bar. de Grenelle	B 7 - B 8	Dupont.	1er.	Basse S.-Pierre.	gr. r. de Chaillot.	B 5 - C 5
Descartes.	12e.	de la Montagne-Ste.-Genev.	du Fouôy.	K 9	Duruis.	6e.	de Vendôme.	enclos du Temp.	M 5
					Duros (de).	1er.	du Marché.	S.-Honoré.	F 4
Désert (du), formée.	2e.		H 2 - J 2		Duresclin. V. Échau. (de l').	11e.			
Désert (petite rue du).	2e.	S.-Lazare.	du Désert. Fer.	J 2					
Désir (pass. du).	5e.	du f. S.-Martin.	du f. S.-Denis.	L 3 - M 3	Écharpe (de l').	8e.	de l'Égoût.	Place Royale.	N 7
Dessin (école gratuite de) p. les garçons.	11e.	de l'École-de-M.		J 8	Échaudé (fontaine de l').	7e.	V. r. du Temple	de Poitou.	M 6
					Échaudé (de l').	7e.	V. r. du Temple	de Poitou.	M 6
Dessin (école gratuite de) p. les filles.	11e.	de Touraine.		J 8	Échaudé (de l').	10e.	Ste.-Marguerite.	de Seine.	H 8 - J 7
					Échelle (de l').	1er.	de Rivoli	S.-Honoré.	H 5
Diable (fontaine du).	1er.	S.-Louis.	de l'Échelle.	H 5	Échiquier (cul-de-sac de l').	7e.	V. du Temple	p. la r. Pastourel.	M 6
Diamans (des Cinq).	6e.	des Lombards.	Trousse vache.	K 6	Échiquier (de l').	3e.	du f. Poissonnié.	du f. S.-Denis.	K 4 - L 4
Diorama.	5e.	Samson.		M 4	École de Droit.	12e.	Pl. du Panthéon		K 9
Dominique (cul-de-sac St.).	12e.	S.-Dominique.	près la rue Ste.-Catherine.	J 9	École de Médecine (bibliothèque de l').	11e.	Écol. de Médec.		J 8
Dominique (Saint).	10e.	des Sts.-Pères.	Avenue de Labourdonnaye.	C 7 - H 7	École-de-Méd. (hôp. de l')	11e.	de l'Observance		J 8
					École-de-Médecine (de l').	11e.	de la Harpe.	Car. de l'Odéon	J 8
Dominique (Saint).	12e.	d'Enfer.	du f. S.-Jacques.	J 9	École de natation (pour l'été).	10e.	Quai d'Orsay.		F 6
Dorée.	8e.	S.-Gervais.	S.-Louis.	N 6	École de natation (p. l'hiv.).	1er.	Pompe à feu.	Gros-Caillou.	D 6
Douanes (hôt. de l'adm. des).	3e.	Montmartre.		K 4	École-Militaire (barr. de l').	10e.	Meudon.		C 9
Douanes royales.	2e.	Bergère.		K 3	École-Militaire (cas. de l').	10e.	Place Fontenoy.		D 8
Douanes de Paris (direction des).	1er.	Caumartin.		G 4	École-Militaire (ch. de ronde de la barrière de l').	10e.	Bar. de l'École-Militaire.	Bar. de Grenelle	B 8 - C 9

RUES, PLACES, PASSAGES, QUAIS, PONTS, etc.	Arrondiss.	TENANS.	ABOUTISSANS.	RENVOIS AU PLAN.	RUES, PLACES, PASSAGES, QUAIS, PONTS, etc.	Arrondiss.	TENANS.	ABOUTISSANS.	RENVOIS AU PLAN.
École (pass. du quai de l').	4e.	Quai de l'École.	des Prêtres.	J 6	Equitation (école royale d').	1er.	Saint-Honoré.		G 5
École (place de l').	4e.	Quai de ce nom.		J 6	Erfurth (d').	10e.	Ste.-Marguerite.	Childebert.	H 8
École (port de l').	4e.	Quai du Louvre.	Quai de l'École.	J 7	Ermites (des Deux).	9e.	des Varmouzels.	Coutrix.	K 7 - K 8
École (quai de l').	4e.	Pont-Neuf.	Quai du Louvre.	J 6 - J 7	Essai (de l').	12e.	Poliveau.	Marc. aux Chev.	M 11
Écosse (d').	12e.	S.-Hilaire.	du Four.	K 9	Estampes (cabinet d')	2e.	Biblioth. royale.		J 5
Écouffes (des).	7e.	du-Roi-de-Sicile.	des Rosiers.	M 7	Est (de l').	11e.		d'Enfer.	Boul. du Mont-Parnasse. J 10
Écrivains (des).	6e.	de la V.-Monn.	des Arcis.	K 7		12e.			
Écuries (cour des Petites).	3e.	d.Petit.-Ecuries	du f. S.-Denis.	L 3	Est (voirie de l').	8e.	de la pet. Voirie.		O 5
Écuries (pass. des Petites).	3e.	du f. S.-Denis.	d. Pet t.-Écuries	L 3	Estrapade (place de).	12e.	des Fos.-S.-Jac.		K 10
Écuries (des Petites).	3e.	du f. Poissonnié.	du f. S.-Denis.	K 3 - L 3	Estrapade (de la Vieille).	12e.	Pl. de l'Estrap.	de Fourcy	K 10
Écus (des Deux).	3e.	de Grenelle-S.-Honoré.	des Prouvaires.	J 6 - L 6	Estrées (d').	10e.	Pl. de Fontien.	de Bourbon.	D 8 - E 8
	4e.							Boul. des Invalides.	H 7
Église (de l').	10e.	de Grenelle.	S.-Dominique.	D 6 - D 7	État-Major (école royale d').	10e.	de Bourbon.		H 7
Églises (des Deux).	12e.	du f. S.-Jacques.	d'Enfer.	J 10	État-Major gén. de la divis.	1er.	Pl. Vendôme.		G 5
Égout (cul-de-sac de l').	5e.	du f. S.-Martin.	près la porte S.-Martin.	L 4	État-Major géo. de la garde nationale.	2e.	de Provence.		H 3
Égout (de l').	10e.	du Four S.-G.	Ste.-Marguerite.	H 8	Etienne (cul-de-sac Saint).	12e.	Mont. Ste.-Gen.	Fermé.	K 9
Égout (de l').	8e.	N.-Sta.-Cather.	S.-Antoine.	M 7 - N 7	Etienne-du-Mont (égl. S.).	12e.	Pl. du carré Ste.-Geneviève.		K 9
Égyptienne (fontaine).	10e.	de Sèvres.		F 9					
Élisabeth (Église Ste.), suc.	7e.	du Temple.		M 5	Étienne.	4e.	Boucher.	de Bétizy.	K 6
Élizabeth (Sainte).	7e.	Neu.S.-Laurent.	des Fontaines.	M 5	Étienne (Neuve-Saint).	12e.	Contrescarpe.	Copeau.	K10-L10
Éloy (Saint).	9e.	de la Ville.-Draperie.	de la Calandre.	K 7	Étienne (Neuve-Saint).	5e.	Beauregard.	B. Bonne-Nouv.	K 4
					Étienne-des-Grès (Saint).	12e.	Saint-Jacques.	Pl. Ste.-Genev.	K 9
Élysée-Bourbon (pal. de l').	1er.	du f.S.-Honoré.		F 4	Étienne-du-Mont (des prêtres-Saint).	12e.	Pl St.-Étienne du Mont.	Descartes.	K 9
Élysées (prom. desChamps).	1er.	Place Louis XV.	Placede l'Étoile.	E 5 - F 5					
Empereur (pass. de l').	4e.	la Vlle.-Oranger.	S.-Denis.	K 7	Étoile (barr. de l'). V. barrière de Neuilly.				
Enfans malades (hôp. des).	10e.	de Sèvres.		E 9					
Enfans-Rouges (fout. des).	7e.	Pl. du Marché des Enf. Roug.		M 6	Etoile (cul-de-sac de l').	5e.	Thévenot.	près la cour des Miracles.	K 5
Enfans-Rouges (mar. des).	7e.	de Bretagne.		M 6	Etoile (pass. de l').	5e.	c.-d.-s. de l'Éto.	Esplanade d. Invalides.	E 6
Enfans-Rouges (des).	7e.	Pastourelle.	Molay.	M 6				du Petit-Carreau	K 5
Enfer (barr. d').	11e.	Montrouge.	Bagneux.	H 12	Étoile (place de).	1er.	Barr. de Neuilly.		E 4
Enfer (boulevard d')	11e.	Boul du Mont-Parnasse.	Barrière d'Enfer	H10-H12	Étoile (de).	9e.	Quai des Ormes	des Barrés.	M 8
Enfer (chemin de ronde de la barrière d').	11e.	Barrière d'Enfer	Barr. du Mont-Parnasse.	G11-H10 H11-H12	Étuves (cul-de-sac des).	6e.	de Marivaux.	près la rue des Lombards.	
Enfer (d'). V. Basse-des-Ursins.					Étuves (des Vieilles).	4e.	des Deux-Écus.	Saint-Honoré.	J 6
					Etuves (des Vieilles).	3e.	Beaubourg.	Saint-Martin.	L 6
Enfer (d').	11e.	Place S.-Michel.	Barrière d'Enfer	J 9 -H 12	Eustache (égl. Saint), curé.	3e.	Pointe St.-Eust.		K 5
Enghien (d').	3e.	du f. Poissonnié.	du f. S.-Denis.	K 3 - L 4	V. pass. St.-Eustache.				
Enregistrement des Domain. (hôt. de l'adm. gén. de l').	2e.	de Choiseul.		H 4	Eustache (quart. Saint)	3e.			
					Eustache (pass. Saint).	3e.	égl. S.-Eustac.	Montmartre.	K 5
Épée-de-Bois (de l').	12e.	Mouffetard.	Gracieuse.	K10-L10		5e.	en face le portail.		K 5
Éperon (de l').	11e.	S.-André-d.-Ars	du Jardinet.	J 8	Eustache (place Saint).				

RUES, PLACES, PASSAGES, QUAIS, PONTS, etc.	Arrondiss.	TENANS.	ABOUTISSANS.	RENVOIS AU PLAN.	RUES, PLACES, PASSAGES, QUAIS, PONTS, etc.	Arrondiss.	TENANS.	ABOUTISSANS.	RENVOIS AU PLAN.
Eustache (Neuve-Saint).	3e.	du Petit-Carreau	Montmartre.	K 5	Fidélité (de la).	5e.	du f. St-Martin.	du f. S.-Denis.	L 3 - M 3
Evêché (de l').	9e.	Place du Parvis Notre-Dame.	Pont-aux-Doub.	K 8	Figuier.	9e.	d. Prêt.-S.-Paul	de la Mortellor.	M 3
Évêque (l').		des Orties.	d'Anglade.	H 5	Fill.-du-Calvaire (boul. des).	6e.	d.Fill.-du-Calv.	du P.-aux-Choux	N 6
Exposition publique des produits de l'industrie.	2e.	au Louvre.		J 6	Filles-du-Calvaire (des).	6e.	Vlle. r. du Temp.	Boul. du Templ.	N 6
	4e.				Filles-Dieu (cul-de-sac des).	3e.	Bas.-P.-S.-Denis	p. la r. Hautevil.	L 4
Faron (cul-de-sac Saint)	7e.	de la Tixerand.	p. la r. des Mauvais-Garçons.	L 7	Filles-Dieu (des).	3e.	Bourbon-Villen.	Saint-Denis.	K 4 - L 4
					Filles-Saint-Thomas (des).	2e.	de Richelieu.	Notre-Dame-d.-Victoires.	J 4
Faub. S.-Antoine (qu. du).	8e.				Fleurs (fontaine aux).	9e.	Quai Desaix.		K 7
Faub. S.-Denis (quart du).	5e.				Fleurs (marché aux).	9e.	Quai Desaix.	tient les mercredis et samedis.	K 7
Faub. S.-Germ. (quart. du).	10e.				Fleurs (quai aux). V. quai Desaix.	9e.			
Faub. Montm. (quart. du).	2e.								
Faub. Poiss. (quart. du).	3e.				Fleurs (de).	11e.	N.-D.-d-Cham.	Madame.	G 9 - H 9
Fauconnier (du).	9e.	des Barres.	d. Prêt-S.-Paul.	M 8	Florentin (Saint).	1er.	de Rivoli.	Saint-Honoré.	G 5
Favart.	2e.	Grétry.	Boul. d. Italiens.	J 4	Foy (fontaine Sainte).	5e.	Saint-Denis.	p. la r. Ste.-Foy.	L 4
Feliben.	11e.	Lobineau.	Clément.	H 8	Foin (marché au).	12e.	Qu. de la Tourn.	tous les jours.	L 8
Femme-sans-Tête (de la).	9e.	Quai Bourbon.	Saint-Louis.	H 8 - L 8	Foin (du).	11e.	Saint-Jacques.	de la Harpe.	K 8
Fénélon (place).	9e.	Bossuet.	du Cloit.-N.-D.	L 8	Foin (du).	8e.	Saint-Louis.	de la Chaussée des Minimes.	N 7
Fer à Moulin.	12e.	Mouffetard.	d. Fos.-S.-Marc.	L 11					
Ferdinand.	6e.	d. Trois-Couron.	de l'Orillon.	O 4	Foire-S.-Laur. (pass. de la).	5e.	du f. St-Martin.	du f. S.-Denis.	M 3
Ferdinand-Berthoud.	6e.	Montgolfier.	Vaucanson.	L 5 - M 5	Folie du Temple.	6e.	duf. du Temple.	de Ménilmontant	N 4 - O 5
Ferme-des-Mathur. (de la).	1er.	N.-d.-Mathurins.	Saint-Nicolas.	G 3	Folie-Méricourt (de la).		des Amandiers.	de la Muette.	Q 6 - Q 7
Fermes (hôt. et pas. des).	4e.	de Grenelle.	du Bouloi.	J 5	Folie-Regnault.		Saint-Maur.	Folie-Méricourt.	N 4 - O 4
Fermes (pass. de l'hôt. des).	5e.	c-d-s-d. l'Étoil.	du Petit-Carreau	J 5	Fontaine.	2e.			H 4
Péronnerie (de la).	4e.	de la Lingerie.	Saint-Denis.	K 6	Fontaine (de la). V. Port-Mahon.				
Férou.	11e.	Férou.	p. la pl. S.-Sulpi.	H 9	Fontaines (cour des).	12e.	du Puits-l'Herm.	d'Orléans.	L 10
Férou (cul-de-sac).	11e.	PlaceS.-Sulpice.	de Vaugirard.	H 8 - H 9	Fontaines (pass. des).	2e.	de Valois.	des Bons-Enfans	J 5 - J 6
Féraille (marché à la).	7e.	Quai de Gèvres.		K 7		11e.	de Vaugirard.	Jard. du Luxembourg.	J 9
Féraille (quai de la). Voyez quai de la Mégisserie.	4e.	Qu. de la Mégis.		K 7	Fontaines (pas. de la c. des).	2e.	N.-d.-B.-Enfans	de Valois.	J 5 - J 6
					Fontaines (des).	6e.	de la Croix.	du Temple.	M 5
Fers (aux).	9e.	Saint-Denis.	Marc. aux Poir.	K 6	Fontainebleau (barr. de).				
Feuillade (de la).	3e.	Pl. d. Victoires.	Neuve-des-Pet.-Pères.	J 5	V. Italie.				
Feuillans (pass. des).	4e.	de Grenel.-S.-H.	du Bouloi.	J 6	Fontarabie (barrière de).	8e.	Charonne, etc.		R 7
Feuillantines (cul-de-sac d.).	12e.	d'Ulm.	doit être percé.	J 10	Fontarabie (chem. de ronde de la barrière de).	8e.	Bar. Fontarabie.	Barr. des Rats.	R 7
Fèves (aux).	9e.	de la Vᵉ Draper.	de la Calandre.	K 7	Force (place de).	10e.	der. l'Éc.-Milit.		D 8
Feydeau (passage).	3e.	d. Fill.-S.-Thom.	Feydeau.	J 4	Force (prison de la grande).	7e.	du Roi-de-Sicile.		M 7
Feydeau (quartier).	2e.				Hom. prévenus de délits.				
Feydeau.	2e.	Montmartre.	de Richelieu.	J 4	Force (prison de la petite).	7e.	Pavée.		M 7
Feydeau (théâ.). Opér. Com.	2e.	Feydeau.		J 4	Filles publiques.				
Fiacre (cul-de-sac Saint).	6e.	Saint-Martin.	p. la r. Ognard.	L 6	Forêts (hôtel de l'administration générale des).	2e.	N.-S.-Augustin.		H 4
Fiacre (Saint).	3e.	Boul. Poisson.	des Jeuneurs.	K 4					
Fidélité (place de la).	5e.	dev. S.-Laurent.		M 3					

RUES, PLACES, PASSAGES, QUAIS, PONTS, etc.	Arrondiss.	TENANS.	ABOUTISSANS.	RENVOIS AU PLAN.	RUES, PLACES, PASSAGES, QUAIS, PONTS, etc.	Arrondiss.	TENANS.	ABOUTISSANS.	RENVOIS AU PLAN.
Fores.	6e.	Marché au vieux linge.	Charlot.	M 5	Franklin (chemin de ronde de la barrière de).	1er.	Bar. Franklin.	Bar. Ste-Marie.	A 6 - B 6
Forge royale. (cul-de-sac de la).	8e.	du f. S.-Antoine	p. la rue Sainte-Marguerite.	P 8	Fréjus (des).	10e.	F. de Monsieur.		
Forges (des).	5e.	Damiette.	Place du Caire.	K 5	Frépillon (passage).	6e.	Frépillon.	Pas. du Comm.	M 5
Fortifications (dépôt des).	10e.	de l'Université.		F 6	Frépillon.	6e.	Aumaire.	Phélipeaux.	L 5 - M 5
Fouarre (du).	12e.	de la Bûcherie.		K 8	Frères (cul-de-sac des trois).	8e.	Traversière.	près la rue de Charenton.	O 9
Four (du).	12e.	des Sept-Voies.	d'Écosse.	K 9					
Four-Saint-Germain (du).	10e.		Cor. de la Croix-Rouge.	H 8	Frères (des trois).	2e.	Chantereine.	Saint-Lazare.	H 3
	11e.	Ste.-Marguerite.			Frileuse.	9e.	Quai de la Grève	de la Mortellerie	L 7
Four-Saint-Honoré (du).	3e.	Traînée.	Saint-Honoré.	J 6 - K 6	Friperie (de la grande).	4e.	Place du Légat.	de la Tonnellerie	K 6
Fourcy (cul-de-sac de).	9e.	de Jouy.	p. la r. de Fourcy	M 7	Friperie (de la petite).	4e.	Mar. aux Poirées	de la Tonnellerie	K 6
Fourcy (place de).	12e.	p. la r. de ce nom		K 10	Fromagerie (de la).	4e.	Saint-Honoré.	Pl. du Muséum.	J 6
Fourcy (de).	9e.	S.-Antoine.	de Jouy.	M 7	Froidmanteau.				
Fourcy (de).	12e.	Mouffetard.	Pl. de Fourcy.	K 10	Fromentel.	12e.	Chartier.	du Cimetière S.-Benoît.	K 9
Fourcy (mar. de la rue de).	12e.	On y vend tous les jours des fourrages.			Frondeurs (des).	2e.	C. d. 4 Cheminées	Saint-Honoré.	H 5
Fourcrs (des).	4e.	Pl. Ste.-Opport.	d. Lavandières.	K 6	Funambules (théâtre des).	6e.	Boul. du Temple		N 5
Fourneaux (barrière des).	11e.	Vaugirard.	Clamart.	E 10	Furstemberg (de).	10e.	du Colombier.	N.-de-l'Abbaye.	H 7 - H 8
Fourneaux (chem. de ronde de la barrière des).	11e.	B. d. Fourneaux.	Bar. Vaugirard.	E 10	Fuseaux (des).	4e.	S.-Germ.-l'Aux.	Quai de la Mégisserie.	K 7
Fourneaux (des).	11e.	B. d. Fourneaux.	de Vaugirard.	E 10 - F 10	Gaillon (carrefour).	2e.	Gaillon.	N.-S.-Augustin.	H 4
Fourrages (marché aux).	5e.	du f. S.-Martin.	tous les jours.	M 3	Gaillon.	2e.	Neuve-d.-Pet.-Champs.	Neuve-Saint-Augustin.	H 4 - H 5
Foy (passage Sainte).	5e.	des Filles-Dieu.	Place du Caire.	K 4	Gaieté (pas. du théât. de la).	6e.	Boul. du Temple	d. fos. du Temp.	N 5
Foy (Sainte).	5e.	Saint-Denis.	d. Filles-Dieu.	K 4 - L 4	Gaieté (théâtre de la).	6e.	Boul. du Temple		N 5
Français (théâtre).	2e.	de Richelieu.	Palais-Royal.	H 5	Galande.	12e.	Saint-Jacques.	Place Maubert.	K 8
Française.	5e.	Pavée.	Mauconseil.	K 5	Garancière.	11e.	de Vaugirard.	du Petit-Bourb.	H 8 - H 9
France (cas. de la nouvelle).	3e.	du f. Poissonn.		K 3	Garçons (des Mauvais).	6e.	de Bussy.	de Boucheries.	H 8 - I 8
France (coll. royal de).	12e.	Place Cambray.		K 9	Garçons (des Mauvais).	7e.	de la Tizerand.	de la Verrerie.	L 7
François 1er (cour du).	6e.	Saint-Denis.	du Ponceau.	L 5	Garde-Meubles.	1er.	Place Louis XV.		F 5 - G 5
François 1er (place de).	1er.	Jean-Goujon.	Bayard.	D 5	Gardes à pied (hôtel des).	1er.	de Monthabor.		G 5
François d'Assise (égl. S.) s.	7e.	du Perche.		M 6	Gardes du corps (cas. des).	10e.	de Grenelle.		F 7
François-Xavier (égl. Saint) succurs., ou des Missions étrangères.	10e.	du Bac.		G 8	Gardes du corps de Mons. (caserne des)	10e.	Quai d'Orsay.	Cloît. S.-Jean-Choisy.	F 7
Franciscains (neuve Saint).	8e.	Vieil. r. du Temp.	Saint-Louis.	M 6 - N 6	Garnisons (des vieilles).	7e.	de la Tizerand.	Basse-S.-Pierre.	L 7
Franconi (cirque de).	6e.	du f. du Temple		N 4	Gare (barrière de la).	12e.	Quai de l'Hôpital		O 11
Francs-Bourgeois au Marais (des).	8e.	Vle. r. du Temple	Payenn. et Pavée	M 7	Gasté.	1er.	de Chaillot.		B 5
Francs-Bourgeois Saint-Marcel (des).		Cloît. S.-Marcel.	des f. St-Marcel.	L 11	Gastine (place).	4e.	Saint-Denis.		K 6
Francs-Bourgeois Saint-Michel (des).	11e.	Mons. le Prince	Pl. S.-Michel.	I 9	Gaz (usine pour l'éclairage par le).	11e.	d'Enfer.		J 9
					Gendarmerie (caserne de).	5e.	faub. S.-Martin.		M 4
					Gendarmerie (caserne de).	8e.	d. Fr.-Bourgeois		M 7
Franklin (barrière de).	1er.	Passy.	Bois de Boulogn.	B 6	Gendarmerie (caserne de).	11e.	de Tournon.		J 8
					Geneviève (basiliq. de Ste).	12e.	Saint-Jacques.		K 9

RUES, PLACES, PASSAGES, QUAIS, PONTS, etc.	Arrondiss.	TENANS.	ABOUTISSANS.	RENVOIS AU PLAN.	RUES, PLACES, PASSAGES, QUAIS, PONTS, etc.	Arrondiss.	TENANS.	ABOUTISSANS.	RENVOIS AU PLAN.
Geneviève (bibliothèq. Ste.)	12e.	de Clovis.		K 9	Gervais-Laurent.	9e.	Pierre-des-Arcis	de la Lanterne.	K 7
Geneviève (de la Mont. Ste.)	12e.	Saint-Victor.	Clovis.	K 9	Gervais (passag. des dames Saint).	7e.	des Rosiers.	d. Fr.-Bourgeois	M 6
Geneviève (font. Ste.).	12e.	de la Mont.-Ste.-Geneviève.		K 9	Gèvres (quai de).	7e.	Pont-Not.-Dame	Pont-au-Change	K 7
Geneviève (place Sainte)	12e.	v.-à-v.S.-Etienne-du-Mont.		K 9	Gibier (halle au).	11e.	Quai desAugust.	d. Gr.-August.	J 7
Geneviève (Sainte).	1er.	de Chaillot.	les champs.	C 4	Gille (neuve Saint).	8e.	S.-Louis.	Boul S.-Antoine	N 7
Geneviève (Neuve-Sainte).	12e.	de Fourcy.	des Postes.	K 10	Gille (pet. rue neuve Saint)	8e.	Boul-S.-Antoin.	Neuve-S.-Gilles	N 7
Génie (direction du).	10e.	Quai Voltaire.		H 7	Gindre (du).	11e.	du V.-Colomb.	de Mézières.	H 8
Gentilly (du petit).	12e.	Mouffetard.	Boulev. des Gobelins.	L 12-L 13	Gît-le-Cœur.	11e.	S.-And.-d.-Ars.	Qu. des August.	J 8
Genty (passage).	8e.	qu. de la Rapée.	de Bercy.	O 10	Glacière (de la).	12e.	de Lourcine.	Boul.S.-Jacques	K12-K13
Geoffroy-l'Angevin.	7e.	Ste.-Avoye.	Beaubourg.	L 6	Glatigny (de).	12e.	des Marmouzets	Basse-d.-Ursins.	K 7
Geoffroy-l'Asnier.	9e.	S.-Antoine.	quai de la Grève	L 8-M 7	Gobelins (barr. des). Voy. d'Italie.				
Georgeau (du clos).	2e.	Traversière.	Helvétius.	H 5	Gobelins (manufact. royale des tapisseries des).	12e.	Barrière d'Italie	Bar. de Lourcine	K13-L13 L 12
Georges (Saint).	2e.	S.-Lazare.	de Provence.	J 3					
Gérard-Beauquet.	9e.	Neuve-S.-Paul.	des Lions.	M 8	Gobelins (pont des).	12e.	Croulebarbe.		K 13
Germain-l'Auxerrois (église Saint).	4e.	Pl. St-Germain-l'Auxerrois.		J 6	Gobelins (des).	12e.	Mouffetard.	Rivière de Bièvre	L 12
Germain-l'Auxerrois (place Saint).	4e.	vis-à-vis l'église de ce nom.			Godot-de-Mauroy.	1er.	Boul. de la Mad.	N.-des-Mathur.	G 3-G 4
Germain-l'Auxerrois (Saint).	4e.	pl. des 3 Maries.	S.-Denis.	J 6-K 7	Gourdes (des).	1er.	Av. de Neuilly.	Ruelle des Blancbisseuses.	C 5-D 4
Germain-l'Auxerrois (d. fossés Saint).	4e.	pl. du Louvre.	de la Monnaie.	J 6	Grâce (Notre-Dame de).	6e.	d'Anjou.	de la Madeleine.	F 3-C 3
Germain-des-Prés (égl. S. 7, succursale.	10e.	Place Saint-Germain-des-Prés		H 8	Gracieuse.	12e.	Copeau.	d'Orléans.	L 10-L 11
					Grammont (pont de).	9e.	Qu. des Célestins	Ile Louviers.	M 8
Germain (marché Saint).	11e.	du Four.		H 8	Grammont (de).	2e.	N.-S.-Augustin.	Boul. d. Italiens.	H 4
Germain (place Saint),	10e.	vis-à-vis l'église		H 8	Grand-Prieuré (du).	6e.	de Ménilmontant	de la Tour.	N 5
Germain-le-Vieux (pass. S.)	9e.	du Marché-Neuf	de la Calandre.	K 7-K 6	Grange-aux-Belles.	5e.	des Marais.	des Récollets.	M 4-N 3
Germain-des-Prés (pl. S.).	10e.	vis-à-vis l'église de ce nom.		H 8	Grange-Batelière.	2e.	Boul. Montmart.	du f. Montmart.	J 3-J 4
					Grange-Batelière (neuve) V. Grange-Batelière.				
Germain-des-Prés (Saint).	10e.	Jacob.	place Saint-Germain-d.-Prés.	H 7	Gravilliers (des).	6e.	du Temple.	Transnonain.	L 5-M 5
Germain-l'Auxerrois (des prêtres Saint)	4e.	Pl. S.-Germain l'Auxerrois.	de la Monnaie.	J 6	Grenelle (abattoir de).	10e.	Pl. de Breteuil.	Dupleix.	D 9-E 9
Germain-des-Prés (des fossés Saint).	10e. 11e.	Car. de Bussy.	des Boucheries.	J 8	Grenelle (barrière de).	10e.	Bar. de Grenelle	Plaine de Gren Bar. de la Cunet.	B 8 B 8
Germain (pass. du marché Saint).	10e.	du Four S.-G.	de Seine.	H 8-J 8	Grenelle (chem. de ronde de la barrière de).				
Gervais (caserne).	11e.	du Foin.		K 8	Grenelle (cul-de-sac de).	10e.	de Grenelle.	p.l.r.desComét.	E 7
Gervais (église Saint), 2e succursale de Notre-Dame.	9e.	du Monceau	du Puortour.	L 7	Grenelle (font. de).	10e.	de Grenelle.		G 7
					Grenelle (parc de). V. Gymnase normal				
Gervais (du Monceau Saint).	10e.	du Martroi.	du Longpont.	L 7	Grenelle-Saint-Germ. (de).	10e.	Carrefour de la Croix-Rouge.	Avenue de Labourdonnaie.	D 7-G 6
Gervais (Saint).	8e.	des Coutures S.-Gervais.	N.-S.-François.	M 6	Grès (des).	4e.	Carr. de Sartine.	S.-Honoré.	J 5-J 9
					Grenelle-S.-Honoré (de).	11e.	de la Harpe.	S.-Jacques	J 9-K 6
					Grenets (cul-de-sac).	6e.	du Commerce.	Encl.de la Trin.	L 5
					Greneta (fontaine).	6e.	S.-Denis.	Greneta.	L 5

RUES, PLACES, PASSAGES, QUAIS, PORTS, etc.	Arrondiss.	TENANS.	ABOUTISSANS.	RENVOIS AU PLAN.	RUES, PLACES, PASSAGES, QUAIS, PORTS, etc.	Arrondiss.	TENANS.	ABOUTISSANS.	RENVOIS AU PLAN.
Grenéta.	6e.	Saint-Martin.	S.-Denis.	L 5	Hanovre (de).	2e.	Louis-le-Grand.	Choiseul.	H 4
Grenier de réserve.	9e.	Boul. Bourdon.		N 8 - N 9	Harcourt. *V*. Coll. St. Louis.				
Grenier-Saint-Lazare.	7e.	Beaubourg.	S.-Martin.	L 6	Harangerie (de la Vieille).	4e.	du Chevalier-du-Guet.	de la Tabletterie.	K 6
Grenier-sur-l'Eau.	9e.	Geoffroi-l'Asnie.	des Barres.	L 7					
Grésillons (des).	1er.	Mironesnil.	du Rocher.	F 3	Harlay (cour du).	11e.	du Harlay.	pal. de Justice.	K 7
Grétry.	2e.	Favart.	Grammont.	J 4	Harlay (de).	11e.	qu. d. Orfèvres.	qu. de l'Horloge.	J 7
					Harlay (du).	8e.	S.-Claude.	boul. S.-Antoine.	N 6
Grève (Place de).	7e.	en face l'Hôtel-de-Ville.		L 7	Harpe (de la).	11e.	S.-Séverin.	place S.-Michel.	J 9 - K 8
Grève (quai de la).	9e.	place de l'Hôtel-de-Ville.	Geoffroi-l'Asnie.	L 7 - L 8	Haudriettes (des).	9e.	qu. de la Grève.	de la Mortellerie	L 7
Gril (du).	12e.	Censier.	d'Orléans.	L 10	Haudriettes (des Vieilles).	9e.	du Chaume	Ste.-Avoye.	M 6
Grillé (passage). *Voyez* du Cendrier.					Hautefeuille.	11e.	S.-André-d.-Ars	de l'Éc. de Méd.	J 8
					Hautefort (cul-de-sac).	12e.	d. Bourguignons	près la rue de Lourcine.	K 11
Gros-Caillou (hôp. du).	10e.	S.-Dominique.		G 7 - D 7	Hauteville (d').	3e.	Basse, porte S.-Denis.	de Paradis.	K 4 - L 3
Gros-Caillou (port du).	10e.	quai d'Orsay.		D 6					
Gros-Chenet (du).	5e.	des Jeuneurs.	de Cléry.	K 4	Hasard (du).	2e.	Ste.-Anne.	Traversière.	H 5
Grosse-Tête (c.-de-sac de la).	5e.	S.-Spire.	p. la Foi. du Caire	L 4	Heaumerie (cul-de-sac).	6e.	de la Heaumerie.	vis-à-vis Trogn.	K 6 - K 7
Grotte (font. de la).	11e.	Luxembourg.		J 9	Heaumerie (de la).	6e.	S.-Denis.	de la Ville.-Monnaie.	K 6 - K 7
Guémené (cul-de-sac).	8e.	S.-Antoine.		N 7 - N 8					
Guénégaud.	10e.	Mazarine.	quai Conti.	J 7	Helder (du).	2e.	Boul. d. Italiens.	Taitbout.	H 3 - H 4
Guépine (cul-de-sac).	9e.	de Jouy.	près la rue Geoffroy-d'Asnier.	M 7	Helvétius. *V*. Ste.-Anne.				
					Henri (cour de).		de la Madeleine.	mxr. d'Aguess.	G 4
Guérin-Boisseau.	6e.	S.-Martin.	S.-Denis.	L 5	Henri I (de).	6e.	Bailly.	Royale.	L 5
Guerre (bureau de la).	10e.	S.-Dominique.		F 6	Henri IV (collége de).	12e.	pl. Ste.-Genev.	Pont-Neuf.	K 9
Guerre (dépôt de la).	10e.	S.-Dominique.		F 6	Henri IV (place de).	11e.	Pont-Neuf.		J 7
Guerre (ministère de la).	10e.	S.-Dominique.		F 6	Henri IV (statue de).	11e.	Terre-Plein du Pont-Neuf.		J 7
Guillaume (cour Saint).	2e.	de Richelieu.	Traversière.	H 5					
Guillaume (pass. Saint).	2e.	de Richelieu.	Traversière.		Hermites (des Deux).	9e.	Cocatrix.	des Marmouzets.	K 7
Guillaume.	9e.	quai d'Orléans.	S.-Louis.	L 8	Hilaire (Saint).	12e.	Salut-Jean-de-Beauvais.	des Sept-Voies.	K 9
Guillaume (Saint).	10e.	de Grenelle.	d. Saints-Pères.	G 7 - H 7					
Guillemin (Neuve).	11e.	du Four.	du Vieux-Colom.	H 8	Hillerin-Bertin.	10e.	deGrenelle-S.-G.	de Varennes.	F 7
Guillemites (des).	7e.	de Paradis.	d. Blancs-Mant.	M 6 - M 7	Hirondelle (de l').	11e.	Gît-le-Cœur.	pl. de Petit-S.-Michel.	J 8 - K 8
Guilleri (carrefour de).	11e.	de la Coutellerie	J.-Pain-Mollet.	L 7					
Guisarde.	11e.	des Canettes.	Mabillon.	H 8	Hippolyte (carr. Saint).	12e.	S.-Hippolyte.	d. 3 Couronnes.	L 11
Guntzbourg (de). *V*. Cardinale.					Hippolyte (pont Saint).	12e.	S.-Hippolyte.		K 12
					Hippolyte (Saint).	12e.	d. 3 Couronnes.	de Lourcine.	K 12
Gymnase-Dram. (théât. du).	3e.	boulev. Bonne-Nouvelle.		K 4	Histoire naturelle (muséum d'). *V*. Jardin-du-Roi.				
Gymnase normal, militaire et civil.	10e.	place Dupleix.		B 8	Hoche (M). *V*. Beaujolais.	1er.			
					Homme-armé (de l').	7e.	Ste.-Croix-de-la-Bretonnerie.	d. Blancs-Mant.	L 6 - L 7
Halle au beurre, œufs, from.	4e.	carr. de la halle.		K 6	Honoré (marché Saint).	2e.	S.-Honoré.	Neuve-d.-Petits-Champs.	H 5
Halle au poisson.	4e.	carr. de la halle.		K 6	Honoré (du marché Saint).	2e.	S.-Honoré.		H 5
Halle (Grande).	4e.	S.-Denis.		K 6					
Halle (place du carr. de la).	4e.	de la Tonnelier.		K 6	Honoré (pass. du Cloît.-St.).	4e.	Croix-d.-Petits-Champs.	d. Bons-Enfans.	J 6

RUES, PLACES, PASSAGES, QUAIS, PONTS, etc.	Arrondiss.	TENANS.	ABOUTISSANS.	RENVOIS AU PLAN.	RUES, PLACES, PASSAGES, QUAIS, PONTS, etc.	Arrondiss.	TENANS.	ABOUTISSANS.	RENVOIS AU PLAN.
Honoré (Saint).	1er.				Ile S.-Louis (quart. de l').	9e.	Ville r. du Temp.		M 6
	2e.	Royale.	de la Lingerie.	G 4 - K 6	Imprimerie royale.	7e.	du f. S.-Martin.		M 3
	3e.				Incurables hom. (hosp. des).	10e.	de Sèvres.		F 9
Honoré (porte Saint).	1er.	Royale.	S.-Honoré.	G 4	Incurables fem. (hosp. des).	10e.	pl. du Marché des Innocens.		K 6
Honoré (quartier Saint).	4e.				Innocens (marché des).	4e.	de ce nom.		K 6
Honoré-Chevalier.	11e.	du Pot-de-Fer.	Cassette.	H 9	Innocens (pl. du marc. des).	4e.	S.-Denis.	de la Lingerie.	K 6
Honoré (du faub. Saint).	1er.	d'Angoulême.	porte S.-Honoré.	E 3 - G 4	Innocens (pass. des Charniers des).	4e.	S.-Denis.		K 6
Hôpital (boul. de l').	12e.	pl. de Walhubert	barrière d'Italie.	L 12 - N 10	Institut de France.	10e.	pal. des Beaux-Arts.	vis-à-vis le pont des Arts.	J 7
Hôpital (place de l').	12e.	Hôpital de la Salpêtrière.		M 10 - M 11					
Hôpital (pont de l').	12e.	boul. de l'Hôpit.	rivière de Bièvr.	M 10	Intendance mil. (hôtel de l').	10e.	de Verneuil.		G 7
Hôpital (port de l').	12e.	quai de l'Hôpital		N 10 - O 11	Intérieur (minist. de l').	10e.	de Grenelle.		F 7
Hôpital (quai de l').	12e.	pont du Jardin-du-Roi.	bar. de la Gare.	N 10 - O 11	Invalides (boul. des).	10e.	de Grenelle.	de Sèvres.	E 7 - F 9
Hôpital de la Salpêtrière.	12e.	boul. de l'Hôpital		M 11 - N 11	Invalides (cour des).	10e.	hôt. des Invalid.	esplan. d. Inval.	E 6
Hôpital Saint-Louis (de l').	5e.	bar. du Combat.	des Récollets.	N 2 - N 3	Invalides (esplanade des).	10e.	esplan. d. Inval.	Quai d'Orsay.	E 7
Horloge (quai de l').	11e.	pl. du Pont-Neuf	pont au Change.	J 7 - K 7	Invalides (fontaine des).	10e.	pl. des Invalides		E 6
Hospitalières (cul-du-sacd.).	8e.	de la Chaussée-des-Minimes.	du Foin.	N 7	Invalides (hôtel des).	10e.	hôtel de ce nom.		E 7
Hospitalières Saint-Gervais (des).	7e.	des Rosiers.	Marc. d. Blancs-Manteaux.	M 7	Invalides (place des).	1er.			E 6
					Invalides (pont des).	10e.	quai de Billy.	Champ-de-Mars.	B 6
Hôtel-de-Ville (place de l').	7e.	quai Pelletier.	Qu. Je la Grève.	L 7	Invalides (q. d.) ou d'Orsay.	10e.	pont Louis XVI.	pont d. Invalid.	B 6 - F 6
Hôtel-de-Ville (quart. de l').	9e.			K 8	Invalides (quartier des).	10e.			
Hôtel-Dieu (hospice de l').	9e.	Parvis-N.-Dame	de Provence.	H 3	Ivry (d').	12e.	boul. de l'Hôpit.	plaine d'Ivry.	M 12
Houssaie (du).	2e.	Chanteretus.	des Sept-Voies.	K 9	Ivry (barrière d').	12e.	du Banquier.	boul. de l'Hôpit.	M 12
Hubert (Jean).	12e.	des Cholets.	Vieille-Boucler.	K 8	Irlandais (collége des).	12e.	des Postes.		K 10
Huchette (de la).	11e.	du Petit-Pont.	Bailly.	L 5	Irlandais (des).	12e.	carr. de la Halle.	de la V.-Estrap.	K 10
Hugues (Saint).	6e.	Royale.		D 6	Issues cuites (marché des).	4e.	Moufletard.		K 6
Huile de moelle de bœuf (manuf. d').	10e.	du Pont-de-la-Triperie.	Bourg-l'Abbé.	L 5	Italie (barrière d').	12e.	Richelieu.	Fontainebleau.	L 13
Hurleur (du Grand).	6e.	Saint-Martin.	S.-Denis.	L 5	Italiens (boul. des).	2e.	Favart,Marivaux	Louis-le-Grand.	H 4 - J 4
Hurleur (du Petit).	6e.	Bourg-l'Abbé.		K 8	Italiens (place des).	2e.	pl. des Italiens.		J 4
Humanité (fontaine de l').	9e.	Place du Parvis-N.-Dame.		J 9	Italiens (théâtre des).	2e.			J 4
					Jacinthe.	12e.	Galande.	d. Trois-Portes.	K 8
Hyacinthe (pass. Saint).	11e.	Saint-Hiacynthe	S.-Thomas.	H 5	Jacob.	10e.	d. Pet.-August.	d. Saints-Pères.	H 7
Hyacinthe (Saint).	2e.	du Marché-Saint-Honoré.	de la Sourdière.	J 9	Jacob (fontaine des).	12e.	place du marché S.-Honoré.		H 5
Hyacinthe (Saint).	11e.	S.-Jacques.	place S.-Michel.	L 7	Jacobins (marché des). V.	2e.			
Hyacinthe.	9e.	qu. de la Grève.	de la Mortellerie.		Jacques (boulevard Saint).	12e.	bar. de Lourcine	barrière d'Enfer desDeux-Églises	H 12 - J 13
					Jacques-du-Haut-Pas (église succursale).	12e.	S.-Jacques.		J 10
Iéna (pl. d'). V. du Louvre.	4e.				Jacques (quartier Saint).	12e.			
Iéna (pont d'). V. des Invalides.	1er.				Jacques (des Fossés-Saint).	12e.	S.-Jacques.	Pl. de l'Estrap.	K 9
Iéna (d').	10e.	Espian. d. Inval.	Quai d'Orsay.	E 6					

RUES, PLACES, PASSAGES, QUAIS, PONTS, etc.	Arrondiss.	TENANS.	ABOUTISSANS.	RENVOIS AU PLAN.	RUES, PLACES, PASSAGES, QUAIS, PONTS, etc.	Arrondiss.	TENANS.	ABOUTISSANS.	RENVOIS AU PLAN.
Jacques (Saint).	11e. 12e.	du Petit-Pont.	de la Bourbe.	J 11 - K 8	Jérusalem (cul-de-sac de).	9e.	S.-Christophe.	près la rue de la Licorne.	K 8
Jacques (du faub. Saint).	12e.	de la Bourbe.	Barr. d'Arcueil.	H 12 - J 11	Jérus. (pns. du c.-d.-s. de).	9e.	Neuve-N.-Dame	c.-d.-s. de Jérus.	K 8
Jacq.-la-Bouc. (marché S.).	6e.	cour d. Commer.		K 7	Jérusalem (de).	11e.	de Nazareth.	du f. S.-Antoine.	O 7
Jacq.-de-la-Bouch. (pass. S.)	6e.	S.-Jacq.-la-B	Pl. S.-Jacq.-la-B	K 7	Jésus (cour du nom de).		du f. S.-Antoine.	Quai des Orfèvr	Q 7
Jacques-de-la-Boucherie (place Saint).	6e. 7e.	près la cour du Commerce.		K 7	Jet-d'Eau (font. du). Jeu-de-Paume (pass. du).	6e. 6e.	de Vendôme.	Boul. du Temple	L N 5
Jacques-la-Bouch. (Saint).	6e.	S.-Denis.	Planche-Mibray.	K 7	Jeu-de-Paume (pass. du).	10e.	Mazarine.	de Seine.	J 7
Jacq.-de-l'Hôpital (pass. S.).	7e. 5e.	Mauconseil.	du Cygne.	K 5	Jeuneurs (des).	3e.	Montmartre.	du Sentier.	K 4
Jardin des Plantes. V. Jard. du Roi.					Jeux (carré des).	1er.	Champs-Elysées		E 5
Jard. des Plant. (quart. du).	12e.				Joaillerie (de la).	4e.	Pl. du Châtelet.	Saint-Jacques-de-la-Boucherie.	K 7
Jardin du Roi.	12e.	du Jard. du Roi.	Pl. Walhubert.	L 10 - M 10	Joquelet.	5e.	N.-D.-d.-Victoi.	Montmartre.	J 4
Jardin du Roi (biblioth. du).	12e.	Jardin du Roi.		L 10	Joseph (cour Saint).	8e.	de Charonne.	près de la rue du f. S.-Antoine.	O 8
Jardin du Roi (pont du).	8e.	place Mazas.	Pl. Walhubert.	N 10	Joseph (marché Saint).	3e.	Montmartre.		K 4
Jardin du Roi (du).	12e.	du fer-à-Moulin.	Carref. de la Pit.	L 10 - L 11	Joseph (Saint).	3e.	Montmartre.	du Gros-Chenet.	K 4
Jordinet (du).	11e.	Mignon.	de l'Eperon.	J 8	Joubert.	1er.	de la Ch -d'Ant.	Sainte-Croix.	G 3 - H 3
Jardiniers (cul-de-sac des).	8e.	Amelot.	près la petite rue Saint-Pierre.	N 6	Jour (du).	3e.	Montmartre.	Pl. S.-Eustache.	K 5
Jardiniers (ruelle des).	8e.	de Charenton.	les jardins.	O 10	Jouy (carrefour).	7e. 9e.	de Jouy.	Saint-Antoine.	M 7
Jardins (des).	9e.	d. Prèt.-S.-Paul	des Barres.	L 7	Jouy (de).	9e.	S.-Antoine.	de Fourcy.	M 7
Jarente (de).	8e.	Cult.-Ste.-Cath.	de l'Egout.	M 7	Judas.	12e.	des Carmes.	de la Montagne-Ste.-Geneviev.	K 9
Jean (arcade Saint).	9e.	P. d. l'Hôt.-d.-V.		L 7	Juifs (des).	7e.	des Rosiers.		M 7
Jean (fontaine Saint).	7e.	place du marché S.-Jean.		L 7	Juiverie (cour de la).	8e.	de la Contrescarpe.	p. la r. d. Charon.	N 8
Jean (marché Saint).	7e.	de la Verrerie.	place Beaudoyer.	L 7	Juiverie (de la).	9e.	de la Vile.-Drap.	de la Calandre.	K 7 - K 8
Jean (quartier Saint).	7e.				Jules (Saint).	8e.	de Montreuil.	du f. S.-Antoine	P 8
Jean (Saint).	10e.	S.-Dominique.	de l'Université.	D 6	Julien-le-Pauvre (Saint).	12e.	de la Bûcherie.	Galande.	K 8
Jean (Neuve-Saint).	5e.	du f. S.-Martin.	du faub. S.-Den	L 3 - L 4	Julienne, projetée.	12e.	de Lourcine.	Pascal.	K 12
Jean-Baptiste (Saint)	1er.	Saint-Michel.	de la Pépinière.	F 3	Jussienne (cour de la). V. pass. de la Jussienne.	3e.			K 5
Jean-Bart.	11e.	de Vaugirard.	de Fleurus.	H 9	Jussienne (pass. de la).	3e.	Montmartre.		K 5*
Jean-Beausire.	8e.	boul. S.-Antoine	S.-Antoine.	N 7 - N 8	Jussienne (de la).	3e.	Montmartre.	Coq-Héron.	K 5
Jean-de-Beauvais (Saint).	12e.	des Noyers.	S.-J.-de-Latran.	K 8 - K 9	Justice (cour du palais de).	11e.	pl. du pal. d. Just.	de la Barillerie.	K 7
Jean-Goujon.	1er.	Allée des Veuves	Allée d'Antin.	D 5	Justice (palais de).	11e.	de la Barillerie.		K 7
Jean-Hubert.	12e.	de Chollet.	des Sept-Voies.	K 9	Justice (pass. du palais de).	11e.	du Harlay.	Pl. du Palais de Justice.	K 7
Jean-de-l'Épine.	7e.	de la Coutellerie.	de la Vannerie.	L 7					
Jean-de-Latran (pass. S.).	12e.	place Cambrai.	S.-J.-de-Latran.	K 9	Kléber.	10e.	Bar. de la Cunet.	Aven. de Suffren	B 7 - C 8
Jean-de-Latran (Saint).	12e.	place Cambrai.	S.-J.-de-Beauv.	K 9					
Jean-Pain-Mollet.	4e.	Bertin-Poirée.	d. Lavandières.	K 6	La Bourdonnaye (aven. de).	10e.	Aven. de la Mothe-Piquet.	Quai d'Orsay.	B 6 - D 7
Jean-Lantier.	7e.	des Arcis.	de la Coutellier.	K 7 - L 7					
Jean-Robert.	5e.	S.-Martin.	Transnonain.	L 5	Lacaille.	12e.	Place Mazas.	d'Enfer.	H 12
Jean-Tison.	4e.	des Fos.-S.-Germain-l'Auxer.	Bailleul.	J 6	Lacuée.	8e.	av. d. Ormeaux.	de Bercy.	N 9
					Lagny (du chemin de).	8e.	av. d. Ormeaux.	du f. S.-Antoine.	R 9
Jérôme (Saint).	7e.	qu. de la Grève.	de la Vlle.-Lant.	K 7	Laiterie (de la).	6e.	p. la r. Greneta.	Encl. de la Trin.	L 5

RUES, PLACES, PASSAGES, QUAIS, PONTS, etc.	Arrondis.	TENANS.	ABOUTISSANS.	RENVOIS AU PLAN	RUES, PLACES, PASSAGES, QUAIS, PONTS, etc.	Arrondis.	TENANS.	ABOUTISSANS.	RENVOIS AU PLAN
Lamoignon (cour de).	11e.	Quai de l'Horlog.	du Pal. de Just.	K 7	Leu (fontaine Saint).	6e.	Salle-au-Comte.		L 6
Lamoig. (pas. de la cour de).	11e.	Quai de l'Horlog.	du Harlay.	K 7	Levrette (de la).	9e.	de la Mortellerie.	de Tournon.	J 8
Lamothe-Piquet (aven. de).	10e.	de Grenelle.	chemin de ronde de Bondi.	G 9 - E 7	Licorne (de la).	9e.	S.-Christophe.	des Marmousets.	L 7
Lancry (de).	5e.	des Marais.	p. le q. de la Cité	M 4	Lilas (ruelle des).	5e.	Petit.r.S.-Pierre.	des Jardins.	K 7 - K 8
Landry (Saint).	9e.	duChevet-S-Lan	des Marmouzets.	K 8	Lille (de). V. Bourbon.	10e.			N 6
Langlade (de).	2e.	Basse-d-Ursins.	des Fondeurs.	H 5	Limace (carrefour de la).	4e.	de la Limace.	d. Bourdonnais.	K 6
Lanterne (de la).	9e.	Traversière.	Quai Desaix.	L 7	Limace (de la).	4e.	des Déchargeurs.	d. Bourdonnais.	K 6
Lanterne (de la).	9e.	Vlle.-Draperie.	Saint-Bon.	K 7	Limoges (de).	7e.	de Poitou.	de Bretagne.	M 6
Lanterne (de la Vieille).	7e.	des Arcis.	Vlep. aux Veaux	K 7	Linge (marché au vieux).	6e.	du Pet.-Thouars.	Vlle r. d. Temple	M 5
Langues orient. (cours des).	2e.	Saint-Jérôme.	de Richelieu.	J 5	Lingerie (de la).	4e.	Saint-Honoré.	Marc. des Innoc.	K 6
Lappe (de).	8e.	Biblioth.-Royale	de Charonne.	O 8	Lingerie (de la). V. marché Saint-Germain.				
Lard (au).	4e.	de la Roquette.	au Lard.	K 6	Lion-S.-Paul (fontaine du).	9e.	des Lions.		M 8
Lard (cul-de-sac au).	4e.	de la Lingerie.		K 6	Lion. V. Petit-Bourbon.				
Lavoir pub. et dép. de laines.	12e.	Quai de l'Hôpital	p. la r. au Lard.	N 10	Lion (du Petit).	11e.	de Condé.		J 8
Laurent (cul-de-sac Saint).	3e.	Basse-Porte-S.-Denis.	près le boulevard Bonne-Nouvel.	L 4	Lions-du-Creanot (font. des).	10e.	Pal. d. B.-Arts.		J 7
Laurent (égl. S.), paroisse.	5e.	Pl. de la Fidélité		M 3	Lobineau.	9e.	du Petit-Musc.	Saint-Paul.	M 8
Laurent (enclos Saint).	5e.	du f. S.-Denis.	du f. S.-Martin.	L 3 - M 3	Lombard (Pierre).	11e.	Nabillon.	de Seine.	H 8
Laurent (foire Saint).	5e.	Saint-Laurent.		M 3	Lodi (du Pont de).	12e.	Mouffetard.	Cloît. S.-Marcel.	L 11
Laurent (Saint).	5e.	du f. S.-Denis.	du f. S.-Martin.	L 3 - M 3	Lombards (quartier des).	11e.	Dauphine.	des Gr.-August.	J 7
Laurent (Neuve-Saint).	6e.	de Sainte-Croix.	du Temple.	M 5	Lombards (des).	6e.			
Laval.	2e.	Pigalle.	les champs.	J 2	Longchamps (barr. de).		Saint-Martin.	Saint-Denis.	K 6
Lavandières (des).	4e.	Pl.S.-Opportune	S.-Germ.-l'Aux	K 6 - K 7	Longchamps (ch. de ronde de la barrière de).	1er.	Bois de Boulogn.	Longchamps.	B 5
Lavandières (des).	12e.	des Noyers.	Pl. Maubert.	K 8		1er.	Barr.de Longch.	Barr. Ste.-Marie	A 5 - A 6
Lazare (enclos Saint).	5e.	du f. S.-Denis.	p. la r.S.-Laurent	M 2	Longchamps (du).				
Lazare (fontaine Saint).	3e.	du f. S.-Denis.	du f. Poisson.	L 2	Longitudes (bureau des).	1er.	à l'Observatoire.	de Chaillot.	B 5
Lazare (prison de Saint).	5e.	du f. S.-Denis.		L 3	Longpont (de).	12e.	Pl. Louis XV.	Quai de la Grève	H 11
Lazare (Saint).	3e.	du f. S.-Denis.	de Paradis.	L 3	Longue-Allée. V. pas. Lem.	9e.	Saint-Gervais.		L 7
Lazare (Saint).	1er.	Saint-Laurent.	Foire S.-Laurent	L 3 - M 3	Lorette (égl. N.-D. de), succ.	2e.	du f. Montmartr.		J 3
Leclerc.	2e.	Boul. S.-Jacques	de l'Arcade.	G 3 - J 3	Loterie royale (hôtel de l'administration de la).	1er.	N.- de - Luxembourg.		G 5
Léda (fontaine de).	12e.	du Regard.	du f. S.-Jacq.	H 12	Louis-le-Grand (collège).	12e.	Saint-Jacques.		K 9
Légat (place du).	10e.	Halle aux Draps.		K 6	Louis (collège Saint).	5e.	de la Harpe.		N 4
Légion d'Hou. (pal. de la).	4e.	de Bourbon.		G 6	Louis (cul-de-sac Saint)	8e.	de Carême-pren.	p. la r. d. Vinaig.	N 7
Lenoine (passage).	6e.	Saint-Denis.	Passage de la Longue-Allée	L 4	Louis (égl. Saint).	9e.	Saint-Paul.	p. la r. S. Antoin	M 7
Lenoir.					Louis (égl. Saint), suc.	9e.	r. et lle S.-Louis		G 3
Lenoir.	8e.	du f. S.-Antoine.	marc. Beauveau.	P 8 - P 9	Louis et S.-Paul (égl. S.), su.	9e.	Sainte-Croix.	Saint-Antoine.	M 7
Lenostre.	4e.	de la Poterie.	Saint-Honoré.	K 6	Louis (hôpital Saint).	1er.	de l'Hôp. S.-Lou.		M 3
Lepelletier.	1er.	Allée des Veuves	du Colysée.	D 4	Louis (île Saint).	9e.	Pont d. la Tourn.	Pont-Marie.	L 8 - M 8
Lescot (Pierre).	4e.	Pl. du Muséum.	Boul. d. Italiens	J 3 - J 4	Louis XVI (monument à).	1er.	d'Anjou.	Royale.	G 3
Lesdiguières (de).	9e.	Saint-Antoine.	Saint Honoré	K 7	Louis XV (place).	1er.	Pont Louis XVI.		F 5
Leture.	6e.	Percée.	Petit-Thouars.	N 8	Louis XVI (pont).				
Leu S. Gilles (égl. S.), suc.	6e.	Saint-Denis.	Salle-au-Comte.	M 5	Louis XV.	10e.	Pl. Louis XV.	Ch. d. Députés.	F 4 - F 6
				K 6					

RUES, PLACES, PASSAGES, QUAIS, PONTS, etc.	Arrondiss.	TENANS.	ABOUTISSANS.	RENVOIS AU PLAN.	RUES, PLACES, PASSAGES, QUAIS, PONTS, etc.	Arrondiss.	TENANS.	ABOUTISSANS.	RENVOIS AU PLAN.
Louis XIV (statue de).	3e.	Pl. d. Victoires.	Boul. des Capuc.	J 5	Madame.	11e.	de Vaugirard.	de l'Ouest.	H 7
Louis-le-Grand.	1er.	Neuve-d.-Petits-Champs.		H 4	Madeleine (boul. de la).	1er.	B. d. Capucines.	S.-Honoré.	G 4
	2e.				Madeleine (église de la).	1er.	Saint-Honoré.		G 5
Louis (Saint).	1er.	de l'Echelle.	Saint-Honoré.	H 5	Madeleine (nouv. égl. de la).	1er.	B. d. la Madel.		G 4
Louis (Saint).	8e.	J. Fill.-du-Calv.	de l'Echarpe.	N 6 - N 7	Madeleine (pass. de la).	9e.	de la Juiverie.	de la Licorne.	K 7
Louis (Saint).	9e.	Pont d. la Cité.	Q. de Béthune.	L 8 - M 8	Madeleine (de la).	1er.	d. f. S.-Honoré.	de l'Arcade.	F 4 - G 3
Lourcine (barr. de).	12e.	Le Pet.-Gentilly	la Glacière.	K 13	Madelonettes (prison des), fem. prévenues de délit.	Gr.	d. Fontaines.		M 5
Lourcine (caserne de).	12e.	de Lourcine.		K 11					
Lourcine (de).	12e.	Mouffetard.	de la Santé.	L 12-K 11	Magdebourg (de).	1er.	des Batailles.	Quai de Billy.	B 6
Louvier (île).	9e.	Quai Morland.		M 8 - N 9	Magloire (cul-de-sac Saint).	6e.	S.-Magloire.	vis-à-vis la rue Salle-au-Comte	K 6
Louvier (port de l'île).	9e.	Ile Louvier.		M 8 - N 9					
Louvois (théâtre).	2e.	Louvois.		J 4	Magloire (pass. Saint).	6e.	Saint-Denis.	c.-de-s. S.-Magl.	K 6
Louvois.	2e.	Sainte-Anne.	de Richelieu.	J 4					
Louvre (palais du).	4e.	Quai du Louvre	Pl. du Muséum.	J 6	Magloire (Saint).	6e.	Saint-Denis.	Salle-au-Comte.	K 6
Louvre (pass. de la cour du).	4e.	Pal. du Louvre.		J 6	Mahon (du port).	2e.	Louis-le-Grand.	N. S.-Augustin.	H 4
Louvre (port du).	4e.	Quai du Louvre		J 6	Mail (port du).	12e.	Q. de la Tourn.		L 8
Louvre (quai du).	1er.	Quai de l'École.	Pont-Royal.	H 6 - J 6	Mail (quartier du).	3e.	Vide-Goussct.	Montmartre.	J 5 - K 5
Louvre (quartier du).	4e.				Maine (chaussée du).	11e.	de Vaugirard.	Barr. du Maine.	F 10
Lowendal (avenue de).	10e.	Barr. d'l'Ec.-M.	Av. d. Tourville.	D 9 - E 8	Maine (barrière du).	11e.	Petit Montrouge	Montrouge.	F 10
Lubeck (de).	1er.	Barr. S.-Marie.	de Longchamps.	A 6 - B 5	Maine (chemin de ronde de la barrière de).	11e.	Barr. du Maine.	Barr. des Fourn.	F 10
Lully.	2e.	de Louvois.	Rameau.	J 4					
Lune (de la).	5e.	Poissonnière.	Boul. B.-Nouv.	K 4 - L 4	Mairie du 1er. arrondissem.		du f. S.-Honoré.		F 4
Lunettes (quai des) V. Horlo.					2e.		d'Antin.		H 4
Luxembourg (cas. du Petit).	11e.	de Vaugirard.		H 9	3e.		Pl. d. Pet.-Pères.		J 5
Luxembourg (jardin du). V. jardin du pal. de la Chamb. des pairs.	11e.				4e.		Pl. d. Chevalier-du-Guet.		K 7
Luxembourg (musée du).	11e.	Pal. de la Cham. des Pairs.	de Vaugirard.	I 9	5e.		Grange-aux-Bel.		M 4
					6e.		Saint-Martin.		L 5
					7e.		Sainte-Avoye.		L 6
Luxembourg (palais du). V. pal. de la Cham. des pairs.	11e.				8e.		Pl. des Vosges.		N 7
					9e.		de Jouy.		M 7
Luxembourg (pass. du).	11e.	de l'Ouest.	N.-D.-des-Ch.	H 10	10e.		de Verneuil.		H 7
Luxembourg (quart. du).	11e.				11e.		Servandoni.		H 8
Luxembourg (Neuve du).	1er.	de Rivoli.	Boul. de la Mad.	G 4 - G 5	12e.		S.-Jacques.		J 10
Lycée (fontaine du).	1er.	Sainte-Croix.		G 3	Maison d'arrêt de la garde nationale et prison d'essai.	12e.	Q. S.-Bernard.		M 9
Lycée (passage du). V. passage Valois.					Maison de bienfaisance (hospice de la).	11e.	des Poitevins.		J 8
Lycée (du). V. de Valois.									
Lyonnais (des).	12e.	d. Charbonniers.	de Lourcine.	K 11	Maison de refuge des J. D.	11e.	du f. Saint-Martin.		J 9
					Maison de santé.	5e.			M 2
Mabillon.		du Four.	du Pet.-Bourb.	H 8					
Mably (de). V. d'Enghien.					Maison du roi (min. de la).	10e.	de Grenelle.	de la Pépinière.	E 7
Mâcon.	11e.	de la Vle-Boucler ie.	S. André-d.-Ar.	K 8	Maison neuve.	10e.	de la Voirie.		F 3
					Malaquais (port). V. des Saints-Pères.	10e.			H 7
Maçons (des).	11e.	d. Mathurins.	Pl. Sorbonne.	J 8 - J 9					

RUES, PLACES, PASSAGES, QUAIS, PONTS, etc.	Arrondiss.	TENANS.	ABOUTISSANS.	RENVOIS AU PLAN.	RUES, PLACES, PASSAGES, QUAIS, PONTS, etc.	Arrondiss.	TENANS	ABOUTISSANS	RENVOIS AU PLAN.
Malaquais (quai).	10e.	des S.-Pères.	de Seine.	H 7	Marengo (place de). V. de l'Oratoire.	4e.			
Malar.	10e.	S.-Dominique.	de l'Université.	D 6	Marguerite (égl. Ste.), cure.	8e.	Saint-Bernard.	Ste.-Marguerite.	P 8
Malte (de).	6e.	de la Tour.	de Ménilmont.	N 5	Marguerite (place Sainte).	10e.	de Bussy.		H 5
Malte (île). V. de Chartres.					Marguerite (place Sainte).	8e.	Saint-Bernard.		P 8
Mandar (cour). V. r. Mand.					Marguerite (Sainte).	8e.	du f. S.-Antoine.	de Charonne.	P 8
Mandar.	3e.	Montorgueil.	Montmartre.	K 5	Morguerite (Sainte).	10e.	de l'Égoût.	des Boucheries.	H 8
Mandé (avenue de Saint).	8e.	de Picpus.	B. de S.-Mandé.	R 9 - S 10	Marguerite (petite rue Ste.). V. d'Erfurth.				
Mandé (barr. de Saint).	8e.	S.-Mandé.	Vincennes.	S 10	Marie-Thérèse (Infirm. de).	11e.	d'Enfer.		H 12
Mandé (chemin de ronde de la barr. de Saint).	8e.	Barr. de S.-Mandé.	Barr. de Vincen.	S 9	Morie (barrière Sainte).	1er.	Patsy.	B. de Boulogne.	A 6
Mandé (ruelle de Saint).	8e.	Av. d. S.-Mandé.	de Picpus.	R 9	Marie (pass. Sainte).	10e.	du Bac.	de Gren.-S.-G.	G 7
Manége (cour du), confondu dans la rue de Rivoli.	1er.				Marie (pont).	9e.	des Nonandières	des Deux-Ponts.	M 8
Manége (passage du).	10e.	des Vles.-Tuil.	de Vaugirard.	G 9	Marie (Sainte).	10e.	de Verneuil.	de Bourbon.	H 7
Manutention des vivres.	10e.	du Cherche-Midi		G 8	Marie (Sainte).	1er.	de Lubeck.	des Batailles.	B 5 - B 6
Marais (quartier du).	8e.				Marie-Stuart.	5e.	Montorgueil.	des Deux-Portes.	K 5
Marais (des).	10e.	de Seine.	des Petits-Aug.	H 7	Maries (place des Trois).	4e.	Quai de l'École.		K 7
Marais (des).	5e.	du f. du Temple	du f. S.-Martin.	M 3 - N 4	Marigny (avenue de).	1er.	Av. d. Champs-Élysées.	S.-Honoré.	E 4
Marais Roug. (cul-de-sac d.)	5e.	des Récollets.	p. la r. d. l'Hôp. S.-Louis.	N 3 N 3	Marigny (carré).	1er.	Champs-Élysées		E 4
Marbœuf (jardin).	1er.	Av. de Neuilly.	supprimé.	C 4 - D 4	Alarigny (de).	1er.	Champs-Élysées	du f. S.-Honoré.	E 4 - F 4
Marc (carrefour Saint).	2e.	S.-Marc.	Montmartre.	J 4	Marine (cul-de-sac Sainte)	2e.	S. P. aux Bœufs	vis-à-vis la rue Coxtrix.	K 8
Marc (Saint).	2e.	Feydeau.	de Richelieu.	J 4	Marine (pass. du cul-de-sac Sainte).	9e.	du cl N.-D.		K 8
Marc (neuve Saint).	2e.	Boul. d. Italiens	de Richelieu.	J 4	Marine (ministère de la).	1er.	Royale.		F 5 - G 5
Marceau. V. de Rohan.					Marion (arche).	4e.	S.-G.-l'Auxerr.	q. d. la Mégisser.	K 7
Marcel (pl. du cloître S.).	12e.	S.-Marcel.		L 11	Marivaux (de).	2e.	Grétry.	boul. des Italiens	J 4
Marcel (Saint)	12e.	Pl. de la Collég.	Mouffetard.	L 11	Marivaux (petite rue de).	6e.	des Écrivains.	des Lombards.	K 6 - K 7
Marcel (quartier Saint).	12e.	Mouffetard.	Fer-à-Moulin.	L 11 - L 12	Marmite (passage de la). V. passage du Commerce.	6e.	de Nariveaux.		
Marcel (des fossés Saint).	12e.	S.-Marcel.	Cl. S.-Honoré.	L 11	Marmouzets (des).	9e.	de la Juiverie.	de la Colombe.	K 7
Marchand (passage).	4e.	des Bons-Enfans	Cl. S.-Honoré.	J 6	Marmouzets (des).	9e.	S.-Hippolyte.	des Gobelins.	K 12 - L 12
Marche (de la).	7e.	de Bretagne.	de Poitou.	M 6	Mars (Champ de).	10e.	École-Militaire.		C 7 - C 8
Marche (collège de la).	12e.	de la Montagne S.-Geneviève.			Mars (fontaine de).	10e.	S.-Dominique.		C 7
Marché (du).	1er.	d'Aguesseau.	des Saussayes.	F 4	Marthe (Sainte).	3e.	des P.-Écuries.	de Paradis.	L 5
Marché-Neuf (du).	9e.	du Marché-Palu.	de la Barillerie.	K 8	Martel.	10e.	Childebert.	pas. de l'Abbaye	L 5
Marché-Neuf (passage du).	9e.	du Marché-Neuf	de la Calandre.	K 8	Martial (cul-de-sac Saint).	9e.	Saint-Éloy.	p. la r. de la Vie-Draperie.	K 7
Marché S.-Jean (quart del.).	7e.				Martin (barr. Saint). V. bar. de la Villette.	6e.			L 4 - M 5
Marché-Palu.	9e.	Petit-Pont.	de la Calandre.	K 8	Martin (cour Saint) V. rue Royale dont elle fait partie.	6e.			L 5
Marchés (quartier des).	4e.				Martin (cul-de-sac Saint).	6e.	Royale.	cour S.-Martin.	L 5
Narcoui (Saint).	6e.	Royale.	Bailly.	L 5					
Marengo (barrière de). V. barrière de Charenton.									
Marengo (chem. de ronde de la bar. de). V. Charenton.	8e.								

RUES, PLACES, PASSAGES, QUAIS, PONTS, etc.	Arrondiss.	TENANS.	ABOUTISSANS.	RENVOIS AU PLAN.	RUES, PLACES, PASSAGES, QUAIS, PONTS, etc.	Arrondiss.	TENANS.	ABOUTISSANS.	RENVOIS AU PLAN.
Martin (boul. Saint).	5e.	du Temple.	Saint-Martin.	M 4	Maures (des Trois).	9e.	Quai de la Grève des Boucheries.	de la Mortellerie de Bussy.	L 7
Martin (fontaine Saint).	6e.	Saint-Martin.	au coin de la rue du Vertbois.	L 5	Mauvais-Garçons. Mauvais-Garçons.	10e. 7e.	des Boucheries. de la Verrerie.	de Bussy. Tixeranderie.	J 7 L 7 K 6
Martin (marché Saint).	6e.	Frépillon.	EnclosS.-Martin.	L 5	Mauvaises-Paroles (des).	10e.	Pal. des B.-Arts		J 7
Martin (pass. de l'abb. S.).	6e.	Saint-Martin.	Royale.	L 5	Mazarine (bibliothèque).	10e.	en face le pont J. Jard. du Roi	de Seine. Quai de la Rap.	J 7 - J 8 N 9
Martin (quartier Saint).	6e.				Mazarine.	10e.	5-A.-des-Ars.		
					Mazas (place).	12e.			
Martin (Saint).	7e.	des Lombards.	porte S.-Martin.	L 6 - L 4	Meaux.	3e.	f. Poissonnière.	Chemin de Pant.	L 2 - N 1
Martin (du marché Saint).	6e.	Pl. de ce nom.		L 5	Mécaniques (des).	5e.	encl. de la Tria.		L 5
Martin (du f. Seint).	5e.	Porte S.-Martin.	bar. de la Vill.	L 4 - N 1	Méchain.	6e.	de la Santé.	du f. S.-Jacques	J 12
Martin (des fossés-Saint).	6e.	de la Chapelle.	du f. Saint-Den.	M 1	Médard (carrefour Saint).	12e.	Mouffetard.		K 10
Martin (Neuve-Saint).	9e.	Saint-Martin.	du p. aux Biches de la Levrotte.	L 4 - M 5	Médard (égl. Saint), succur.	12e.	Mouffetard.	d'Orléans.	L 11
Martroi (du).		Pl. de l'hôt.d.vil.	Montmatre.	L 7	Médard (pont Saint).	12e.	Mouffetard.		L 11
Martyrs (barrière des).	2e.	des Martyrs.	barr. de Montm.	J 1	Médard (Neuve baint).	12e.	Gracieuse.	Mouffetard.	K 10 - L 10
Martyrs (chemin de ronde de la barrière des).	2e.	Bar. des Martyrs		J 1	Médailles (monnaie des).	10e.	Guénégaud.		J 7
					Médecine (Ecole de).	11e.	de l'Éc. de Mé.		J 8
Martyrs (des).	2e.	Saint-Lazare.	Barr. des Mart.	J 1 - J 2	Médecine (pl. de l'École de).	11e.	rue de ce nom.		J 8
Masseran.	10e.	Neuve-Plumet.	de Sèvres.	E 9	Médecin (car. de l'Odéon).	11e.	car. de l'Odéon.	de la Harpe.	J 8
Massillon.	9e.	Chanoinesse.	Bossuet.	L 8	Médéric (Neuve Saint).	7e.	Sainte-Avoye.	Saint-Martin.	L 6
Masure (de la).	9e.	Quai des Ormes	de la Mortellerie	M 8	Médicis (font. et col. de).	4e.	de Viarmes.		J 6
Maternité (hosp. de la).	11e.	de la Bourbe.		J 11	Mégisserie (quai de la).		Pont-Neuf.	Pont-au-Change	J 7 - K 7
Mathurins (cul-de-sac de la ferme des).	1er.	Neuve des Math.	p. la r. de la fer. d. Mathurins.	G 3	Mégisserie (port de la).	4e. 1er.	Quai de la Még. de la Chaire.	de Sèvres.	K 7 G 8
Mathurins (de la ferme des).	1er.	Saint-Nicolas.	N. d. Mathurins.	G 3	Ménages (hospice des).	11e.	du Richelieu.	du Grammont.	L 6
Mathurins (des).	1er.	Saint-Jacques.	de la Harpe.	J 8 - K 8	Ménars (de).		Beaubourg.	Saint-Martin.	P 5
Mathurins (Neuve des).	1er.	de l'Arcade.	de la Ch.-d'Ant.	G 3 - H 3	Ménestriers (des).	7e.	F. Popincourt.		
Matignon.	1er.	Champs-Élysées.	du f. S.-Honoré.	E 4	Ménilmontant (abattoir de).	6e.	barrière de Mé- nilmontant.	bar. des 3 Cour.	P 4 - P 5
Maubert (fontaine).	12e.	Place Maubert.		K 8	Ménilmontant (burr. de).				
Maubert (mar. de la place).	12e.	Place Maubert.		K 8	Ménilmontant (ch. de ronde de la barr. de).	8e.	barrière de Mé- nilmontant.	boul. des Filles du Calvaire.	N 6 - P 5
Maubert (place).	12e.	Galande.		L 6					
Maubuée (fontaine).	7e.	Saint-Martin.	au coin de la rue Maubuée.		Ménilmontant (de).	8e.	b.d.Fil. du Calv.	Saint-Louis.	N 6
Maubuée.	7e.	Saint-Martin.	du Poirier.	L 6	Ménilmontant (Neuve de).	8e.	de Viarmes.	de Grenelle.	J 6
Mauconseil (cul-de-sac).	5e.	Saint-Denis.	p.lar.S.-Sauveur	K 5 - L 6	Mercier.	4e.	Saint-Martin.		L 6
Mauconseil.	5e.	Saint-Denis.	Comtesse d'Art.	K 5	Merri (église Saint), eurc.	7e.	de la Verrerie.		L 6 - L 7
Maur (fontaine Saint).	6e.	Saint-Maur.		N 5	Merri (du cloître Saint)	7e.	Cloître S.-Merri	Saint-Martin.	L 6
Maur (Saint).	5e. 8e.	des Amandiers.	de l'H. S.-Louis	N 3 - P 6	Merri (hosp. Saint) Merri (Neuve Saint).	7e. 5e.	Bar-du-Bec. du f. S.-Denis.	Saint-Martin. N.-D.- des Vict.	L 6 L 4 - M 5
Maur (Saint).	10e.	des Vites-Tuile.	de Sèvres.	G 9	Meslay.	6e.	du Temple.		L 4
Maur (Saint).	6e.	Sainte-Vannes.	Royale.	L 5	Messageries royales.	5e.	N.-D. des Vict.	c.-d.-s. S.-Pierre	J 4
Maur (du).	7e.	Beaubourg.	Saint-Martin.	L 6	Messageries (pass. des).	3e.	de Paradis.	du f. Poisson.	K 3 - L 3
Maures (cour des).	2e.	Saint-Honoré.	Palais-Royal.	J 6	Messageries (des).	6e.	encl. de la Trin		L 5
Maures (des Trois)	6e.	Trousse-Vache.	des Lombards.	K 6	Métiers (des).	11e.	du Pot-de-Fer.	Cassette.	H 8
					Mézières.				

(23)

RUES, PLACES, PASSAGES, QUAIS, PONTS, etc.	Arrondiss.	TENANS.	ABOUTISSANS.	RENVOIS AU PLAN.	RUES, PLACES, PASSAGES, QUAIS, PONTS, etc.	Arrondiss.	TENANS.	ABOUTISSANS.	RENVOIS AU PLAN.
Michel (c.-de-s. du Gr.-S).	5e.	du f. S.-Martin.	p. la r.des Morts	M 2	Monsieur (de).	10e.	de Babylone.	Plumet.	F 8
Michel (font. Saint).	11e.	de la Harpe.	Place S.-Michel	J 9	Monsieur-le-Prince.	11e.	Carr. de l'Odéon	de Vaugirard.	J 8
Michel (pl. Saint).	11e.	d'Enfer.		J 9	Champs-Elysées.	1er.	Champs-Elysées	du f. S.-Honoré	E 4
Michel (pl. du pont St.).	11e.	en face du pont de ce nom.	de la Harpe.	K 8	Montaigu (hôpital de).	12e.	des Sept-Voies		K 9
					Montaigu (prison de), disci-pline militaire.	12e.	des Sept-Voies		K 9
Michel (pont Saint).	11e.	de la Barillerie	Pl. du p. S.-Mi.	K 8	Montagne-Ste.-Geneviève.	12e.	Place Maubert.	placeS.-Etienne-du-Mont.	K 9
Michel (quai Saint).	11e.	pont Saint-Mich.	Petit-Pont,	K 8					
Michel (Saint).	1er.	S.-J.-Baptiste.	Maison-Neuve.	F 3					
Michel-le-Comte.	7e.	Transnonain.	Sainte-Avoye.	L 6	Mont-Blanc. V. Chaussée d'Antin.				
Michodière (de la).	2e.	boul.des Italiens	Carref. Gaillon	H 4					
Mignon.	11e.	du Jardinet.	du Battoir.	J 8	Montebello (quai). V. Bign.	12e.			
Minéralogique (cabinet).	11e.	d'Enfer.		J 10	Mont-de-Piété.	7e.	de Paradis.		M 6
Minéralogie particulière du Roi (collection).	10e.	pl. du p. Bourb.		F 6	Mont-de-Piété (pass. du).	7e.	des Blancs-Man.	de Paradis.	M 6
					Mont-de-Piété (quart. du).	7e.			
Minéralogie (cabinet de).	10e.	à l'hôtel des M.		J 7	Montfaucon (voirie de).		extra muros.	près la barrière du Combat.	O 2
Mines (école royale des).	11e.	d'Enfer.		J 10					
Mines (musée des).	11e.	d'Enfer.		J 10	Montfaucon.	11e.	PlaceSte.-Marg.	marché S.-Ger.	H 8
Minimes (des).	8e.	des Tournelles.	Saint-Louis.	N 7	Montesquieu (pas. desGal.).	4e.	Cloitre S.-Hon.	Montesquieu.	J 6
Miracles (cour des).	5e.	Damiette.	c.-d.-s.d.l'Étoile	K 5	Montesquieu.	4e.	des Bons-Enfans	Croix-des-petits-Champs.	J 6
Miracles (cour des).	8e.	de Reuilly.	p.la r.Montgallet	Q 10					
Miracles (pas. de la c. des).	8e.	des Tournelles.	Jean-Beaubire.	N 7	Montgallet.	8e.	de Charenton.	de Reuilly.	Q 10
Miracles (pas. de la c. des).	8e.	Damiette.	c.-d.- s.d.l'Étoile	K 4-K 5	Montgolfier.	6e.	Conté.	Ferdinand-Berthoud.	L 5-M 5
Miracles (pas. de la c. des).	8e.	des Tournelles.	Jean-Beaubire.	N 7					
Miromesnil.	1er.	les Champs.	place Beauveau	E 3-F 4	Montholon (place).	2e.	de ce nom.		K 3
Molue (du Petit).	12e.	de Scipion.	Mouffetard.	J 11	Montholon.	2e.	Rochechouart.	d:f:Poissonnière	K 3.
Moineaux (passage des).	2e.	des Moineaux.	pas.d'Argenteuil	It 5	Montmartre (abattoir).	2e.	de Rochechouart		J 1-K 1
Moineaux (des).	2e.	des Orties.	Neuve-S.-Roch.	H 5	Montmartre (barrière).	2e.	barr. Montmart.	les Télégraphes	J 1
Molay.	7e.	Portefoin.	de la Corderie.	M 5	Montmartre (chem. de ronde de la barrière).	2e.		barrière Blanche	H 1
Molière (passage).	6e.	Saint-Martin.	Quincampoix.	L 6					
Molière.	11e.	de Vaugirard.	place de l'Odéon	J 6	Montmartre (cimetière).	3e.	Montmartre.	en face à r. Fey	J 1
Monceau Saint-Gervais.	9e.	de Longpont.	de la Levrette.	L 7	Montmartre (fontaine).	3e.	Montmartre.		J 4
Mondétour.	4e.	du Cygne.	des Prêcheurs.	K 5-K 6	Montmartre (des fossés).	2e.	Place Victoire.	Montmartre.	J 5-K 5
Mondovi (de).	1er.	du Mont-Thabor	de Rivoli.	G 5	Montmartre (du faubourg).	3e.	boul Montmart.	Montmartre.	J 3-J 4
Monnaie (cul-de-sac de la).	10e.		derrière l'hôtel de la Monnaie		Montmartre (boulevard).	2e.	Montmartre.	Richelieu.	J 4
					Montmartre (quartier).	3e.			
Monnaie (port de la).	10e.	Quai de la Mon.		J 7	Montmartre.	3e.	pointe S.Eustac.	boul. Montmart.	J 4-K 5
Monnaie (quai de la). V. quai Conti.					Montmorency.	7e.	Saint-Martin.	du Temple.	L 5-M 6
					Montmorency (Neuve).	2e.	Feydeau.	Saint-Marc.	J 4
Monnaie (quartier de la).	10e.				Montorgueil.	5e.	Comtess. d'Art.	du Cadran.	K 5
Monnaie (de la).	4e.	desFossés-Saint-Germ.-l'Aux.	S.-Germ.-l'Aux.	J 6	Montorgueil (quartier).	5e.			
Monnaie (de la Vieille).	6e.	des Lombards.	des Écrivains.	K 6-K 7	Montpensier.	2e.	de Richelieu.	Beaujolais.	H 5.
Monnaies (hôt. de l'ad. des).	11e.	Quai de Conti.		J 7	Mont-Parnasse (barr. du).	11e.	du Mont-Parnas.	route du Maine.	G 10
Monsieur (bibliothèque de).	9e.	de Sully.		N 8	Mont-Parnasse (boul. du).	11e.	de Sèvres.	d'Enfer.	F 9-H 11

RUES, PLACES, PASSAGES, QUAIS, PONTS, etc.	Arrondiss.	TENANS.	ABOUTISSANS.	RENVOIS AU PLAN.	RUES, PLACES, PASSAGES, QUAIS, PONTS, etc.	Arrondiss.	TENANS.	ABOUTISSANS.	RENVOIS AU PLAN.
Mont-Parnasse (chemin de ronde de la barr. du)	11e.	Barrière du M.-Parnasse.	barr. du Maine.	F 10 - G 10	Mulets (des).	2e.	d'Argenteuil.	des Moineaux.	H 5
					Mûrier (du).	12e.	Traversière.	Saint-Victor.	K 9
Mont-Parnasse (cul-de-sac).	11e.	boul. du Mont-Parnasse.	p. la r. du Mont-Parnasse.	G 10	Musc (du Petit).	9e.	Quai des Célest.	Saint-Antoine.	M 8 - N 8
					Musée (port du). V. Saint-Nicolas.	1er.			H 6
Mont-Parnasse (du).	11e.	N.-D.-des-Ch.	barr. du Mont-Parnasse.	G 10	Muséum (place du).	4e.	Froidmanteau.		J 6
Montreuil (barrière de).		Montreuil.	village d'alent.	S 8					
Montreuil (chemin de ronde de la barrière de).	8e.	bar. de Montr.	b. de Fontarabie	R 7 - S 8	Napoléon. V. de la Paix.				
					Natation (école de), à l'eau chaude.	10e.	de la Pompe.		D 6
Montreuil (pas. de la r. de).	8e.	du f. S.-Antoine	de Montreuil.	Q 8					
Montreuil (de).	8e.	du f. S.-Antoine	b. de Montreuil	Q 8 - S 8	— à l'eau froide.	10e.	p.d.p. Louis XVI et île S.-Louis		F 6
Mont-Thabor (cul-de-sac de)	1er.	Castiglione.	vis-à-vis la r. du Mont-Thabor.	G 5	Nayade (fontaine de la).	7e.	d. Vlles-Audriet		M 6
Moreau.	8e.	Lacuée.	de Charenton.	N 9 - O 8	Nazareth.	11e.	de Jérusalem.	cour de la Ste-Chapelle.	K 7
Morbix (cul-de-sac).	5e.	des Morts.	près la rue du f. Saint-Martin.	N 2					
					Necker (hôpital).	10e.	de Sèvres.		E 9
Morland (quai).	9e.	P. de Grammont	Contrescarpe	M 8 - N 9	Necker.	8e.	d'Ormesson.	Jarente.	M 7
Mortagne (cul-de-sac).	8e.	de Charonne.	près la rue Ste-Marguerite.	P 8	Néréides (fontaine des).	8e.	Saint-Louis.		N 6
					Neuf (marché).	9e.	du Marché-Neuf		K 7 - K 8
Morts (des).	5e.	du f. S.-Martin.	de l'hosp. S.-L.	M 2 - N 3	Neuf (du marché).	9e.	de la Barillerie	du Marché-Palu	K 8
Mortellerie (de la).	9e.	Place de l'Hôtel-de Ville.	de l'Etoile.	L 7 - M 8	Neuf (pont).	4e.	place des 3 Mar.	Dauphine.	J 7
Mosaïque (école de).		École de Médec.		J 1	Neuilly (avenue de).	1er.	Étoile des Ch.-Élysées.	barr. de Neuilly	C 3 - D 4
Mouceaux (barrière de).	1er.	Mourceau.	barr. de Clichy.	F 2	Neuilly (barrière de).	1er.	Neuilly.	Saint-Germain.	C 3
Mouceaux (chemin de ronde de la barrière de).	1er.	barr.de Mouceau.	b. de Courcelles.	F 2 - D 2	Neuilly (chemin de ronde de la barrière de).	1er.	barr. de Neuilly.	bar. des Bassins	B 4
Mouceaux (jardin de)	1er.	f. du Roule.	de Courcelles.	D 2 - E 2	Nevers (cul-de-sac de).	10e.	d'Anjou.	vis-à-vis la rue de Nevers.	J 7
Mouceaux (de).	1er.	du f. du Roule.		D 3	Nevers (de).	10e.	quai Conti.	d'Anjou.	J 7
Mouffetard (barrière de). V. d'Italie.					Nicaise (Saint)	1er.	Saint-Honoré.	de Rivoli.	H 6
Mouffetard (car. de la butte des).	12e.	Fourcy.	barrière d'Italie	K 10 - L 12	Niche (fontaine de la).	11e.	Garancière.		H 9
Moulins (des Moulins).	2e.	des Moulins.	l'Évêque.	H 5	Nicolas (cul-de-sac Saint).	5e.	Royale.	près la Cour S.-Martin.	L 5
Moulin (du Temple).	6e.	du f. du Temple	de la Tour.	N 4 - N 5	Nicolas-des-Champs (égli.), succursale.	6e.	pl. Saint-Nicolas-des-Champs.		L 5
Moulin (du Haut).	9e.	de la Lanterne.	Glatigny.	K 7					
Moulin-Joly (ruelle du).	6e.	des 3 Couronnes	les Vignes.	P 4	Nicolas (place Saint).	6e.	vis-à-vis l'Église		L 5
Moulins (barrière des Deux) Supprimée.				S 10 - R 11	Nicolas (du port Saint).	9e.	Saint-Martin.	Transnonain.	H 6
Moulins (des).	8e.	barr. de Reuilly.	Picpus.	H 5	Nicolas (Saint).	8e.	du f. S.-Antoine	de Charenton.	L 5
Moulins (des).	2e.	des Orties.	Thérèse.		Nicolas (Saint).	1er.	de l'Arcade.	de la Ch. d'Ant.	O 8
Moussy (du).	7e.	de la Verrerie.	Sainte-Croix de la Bretonnerie	L 7	Nicolas (Neuve Saint).	6e.	Samson.	du f. Saint-Mart.	G 3 - H 3
					Nicolas du Chardonnet (égl. de Saint), succursale.	12e.	des Bernardins.		M 4
Mouton (du).	7e.	place de l'Hôtel-de-Ville.	de la Tixeranderie.	L 7					L 9
Muette (de la).	8e.	de la Roquette.	de Charonne.	P 7 - Q 7	Nicolas du Chardonnet. (S.)	12e.	Traversine.	Saint-Victor.	K 9

RUES, PLACES, PASSAGES, QUAIS, PONTS, etc.	Arrondis.	TENANS.	ABOUTISSANS.	RENVOIS AU PLAN.	RUES, PLACES, PASSAGES, QUAIS, PONTS, etc.	Arrondis.	TENANS.	ABOUTISSANS.	RENVOIS AU PLAN.
Nicolet.	10e.	q. des Invalides.	de l'Université.	E 6	Opportune (cul-de-sac Ste.).	4e.	fait partie de la r. de l'Éguill. par son inscription	de la Tabletterie	K 6
Noir (passage).	2e.	N.-d.-Bonn-Enf.	de Valois.	L 5					
Nonandières (des).	9e.	de Jouy.	quai des Ormes.	M 7 - M 8					
Nord-Est (voirie du).	5e.	Chât.-Landon.	du chemin de la Chapelle.	M 1	Opportune (place Sainte).	4e.	des Fourreurs.		L 11
					Orangerie (de l').	12e.	d'Orléans.	Censier.	L 11
Nord-Ouest (carref. du).	1er.	Verte.		E 4	Oratoire (Neuve de l').	1er.	aven. de Neuilly	du f. du Roule.	C 4 - D 3
Nord-Ouest (voirie du).	8e.	de Voirie.	des Grésillons.	E 3	Oratoire (place de l').	4e.	près du Louvre.		J 6
Normandie (de).	6e.	Boucherat.	Charlot.	N 5 - N 6	Oratoire (de l').	4e.	Saint-Honoré.		J 6
Notaires (chambre des).	4e.	pl. du Châtelet.		K 7	Oratoire (temple protest.).	4e.	Saint-Honoré.	pl. de l'Oratoire.	J 6
Notre-Dame (Parvis).	9e.	v.-à-v. la Cathéd.		K 8	Orfèvres (quai des).	11e.	pl. du Pont-Neuf	pont St.-Michel.	J 7 - K 7
Notre-Dame (pompe).	7e.	au bas du pont Notre-Dame.		K 7	Orfèvres (des).	6e.	St.-Germ.-l'Aux	Jean-Lantier.	K 7
					Orillon (de l').	6e.	barrière de Ramponneau.	Saint-Maur.	O 4 - P 4
Notre-Dame (pont).	7e.	Planche-Mibray	de la Lanterne.	K 7					
Notre-Dame-Bonne-Nouv.	9e.	Beauregard.	boul. Poissonn.	K 4	Orléans (quai d').	9e.	Pont de la Cité.	pont de la Tourn.	L 8
Notre-Dame-de-Grâce.	1er.	d'Anjou.	de la Madeleine.	F 3 - G 5	Orléans (d').	4e.	Saint-Honoré.	des Deux-Écus.	J 6
Notre-Dame-de-Nazareth.	6e.	pont aux Biches.	du Temple.	M 5	Orléans (d').	7e.	des Quatre-Fils.	de Poitou.	M 6
Notre-Dame-de-Recouvran.	5e.	Beauregard.	boul. Poissonn.	K 4	Orléans (d').	12e.	du Jardin du Roi.	Mouffetard.	K 11 - L 10
Notre-Dame-des-Champs.	11e.	d'Enfer.	de Vaugirard.		Orléans (neuve d').	5e.	porte St.-Denis.	Porte St-Martin	L 4
					Ormes (carr. de l').	9e.	du Mousseau.	Église St.-Gerv.	L 7
Notre-Dame-des-Victoires.	3e.	car.d.Pet.-Pères	Montmartre.	J 4 - J 5	Ormes (avenue des).	8e.	place du Trône.	de Montreuil.	R 8 - R 9
Notre-Dame (du Cloître).	9e.	pl. du Parvis.	Bossuet.	K 8 - L 8	Orme (cœur de l').	9e.	N. de la Cerisaie	près la pl. de la Bastille.	N 8
Notre-Dame (Neuve).	9e.	pl. du Parvis.	du Marché-Palu	K 8	Orme (pas. de la cour de l').	9e.	pl. de la Bastille.	N. de la Cerisaie	N 8
Notre-Dame (Vieille).	12e.	Censier.	d'Orléans.	L 10 - L 11	Ormeaux (des).	8e.	de Montreuil.	du ch. de Lagny.	R 8 - R 9
Nourrices (direction génér. des).	6e.	Sainte-Appoline		L 4	Ormes (quai des).	9e.	Geoffroy-l'Asn.	de l'Étoile.	L 8 - M 8
					Ormes (port aux).	9e.	quai des Ormes.		M 8
Noyers (des).	12e.	Saint-Jacques.	pl. Maubert.	K 8	Ormesson (d').	8e.	Culture-Sainte-Catherine.	de l'Égoût.	M 7
Oblin.	4e.	Coquillière.	de Viarmes.	K 6	Orphelins (hospice des).	8e.	du f. St. Antoine		O 8
Observatoire royal.	12e.	de Cassini.		H 11 - J 11	Orsay (quai d').	10e.	Pont-Royal.	Pont Louis XVI.	B 7 - G 6
Observance (de l').	11e.	pl. de l'École de Médecine.	M. le Prince.	J 8	Orsay (port d').	10e.	quai d'Orsay.		G 6
					Orties (des).	2e.	d'Argenteuil.	Sainte-Anne.	H 5
Observatoire (quart. de l').	12e.				Oseille (de l').	8e.	Saint-Louis.	Vle. r. duTemp.	M 6 - N 6
Octroi (hôtel de la direction de l').	2e.	Grang.-Batelière.		I 3	Ouest (pass. de l').	11e.	de l'Ouest.	N.-D.-d.-Champ	H 10
Odéon (carrefour de l').	11e.	de l'Odéon.	d. Fossés-Saint-Germ.-d.-Prés	J 8	Ouest (de l').	11e.	Boul. du Mont-Parnasse.	de Vaugirard.	G 9 - H 10
					Ourcine. V. Lourcine.				
Odéon (place de l').	11e.	v.-à-v. le théâtre.		J 8	Ourcq (canal de).		Bar de la Villett.	la Seine.	N 1 - N 9
Odéon (de l').	11e.	pl. de l'Odéon.	carr. de l'Odéon.	J 8	Ours (rue aux).	6e.	Saint-Martin.	Saint-Denis.	K 5 - L 6
Odéon (théâtre de l').	11e.	pl. de l'Odéon.		J 9					
Ogniard.	6e.	Saint-Martin.	des 5 Diamans.	L 6	Pagevin.	3e.	des V.-Augustin	de la Jussienne.	J 5
Oiseaux (des).	7e.	d. Enfans-Roug.	de Beauce.	M 6	Paillassons (barrière des).		des Paillassons.	Pis. de Grenel.	D 9
Olivet (d').	10e.	des Brodeurs.	Traverse.	F 9	Paillassons (chem. de ronde de la barrière des).		Bar. des Paillass.	Bar.de l'Éc. Mil.	D 9
Opéra (théâtre de l').	2e.	Lepelletier.		J 3					
Opéra-Comique (th. de l').	2e.	Feydeau.		J 4	Paillassons (des).	10e.	Pérignon.	chemin de ronde	D 9
Opéra (ancien th. de l').	2e.	de Richelieu.	(démoli.)	J 4	Paillassons (ruelle des).	10e.	Avenue de Saxe.	Bar. des Paillass.	D 9

RUES, PLACES, PASSAGES, QUAIS, PONTS, etc.	Arrondiss.	TENANS.	ABOUTISSANS.	RENVOIS AU PLAN.	RUES, PLACES, PASSAGES, QUAIS, PONTS, etc.	Arrondiss.	TENANS.	ABOUTISSANS.	RENVOIS AU PLAN.
Pairs (pal. de la ch. des).	11e.	de Vaugirard.		J 9	Pas de la Mule (du).	8e.	Place Royale.	Boul. S.-Antoin.	N 7
Pairs (jardin du palais des).	11e.	palais des Pairs.		H 9 - J 9	Pascal. Projetée.	12e.	S.-Hippolyte.	d.Champ de l'Alouette.	K 12
Paix (fontaine de la).	11e.	place S.-Sulpice		H 8	Passy (barrière de).	1er.	quai Debilly.	Versailles.	A 7
Paix (de la).	1er.	Neuve d. Capuc.	Boul. des Capuc.	H 4	Pastourelle.	7e.	du Temple.	du Gr.-Chantier.	M 6
Palais (place du).	9e.	de la Barillerie.		K 7	Patriarches (pas. du m. des).	12e.	Mouffetard.	d'Orléans.	K11-L11
Palais de justice (île du).	9e.	du Pont-Neuf.	au pont de la Cité	J 7 - L 8	Paul (des prêtres Saint).	9e.	des Nonandières	Saint-Paul.	M 7 - M 8
Palais de justice (quart. du).	11e.				Paul (neuve Saint).	9e.	Saint-Paul.	Beautreillis.	M 8
Palais-Royal (jardin du).	2e.	Palais-Royal.		J 5	Paul (port Saint).	9e.	quai Saint-Paul.		M 8
Palais-Royal (place du).	1er.	Saint-Honoré.		H 6	Paul (quai Saint).	9e.	Saint-Paul.	de l'Étoile.	M 8
Palais-Royal (quart. du).	2e.				Pavée au Marais.	9e.	Saint-Antoine.	quai des Ormes.	M 8
Palatine.	11e.	Servandoni.	Garancière.	H 8	Pavée Saint-André des Ars.	7e.	du Roi-de-Sicile	N.-Ste.-Cather.	M 7
Palu (du marché).	9e.	de la Calandre.	le Petit-Pont.	K 8	Pavée Saint-Sauveur.	11e.	S.-André-d.-Ars	quai des August.	J 7 - J 8
Panier fleuri (passage du).					Pavillons (passage des).	5e.	Montorgueil.	du Petit-Lion.	K 5
V. pass. du cul-de-sac des Bourdonnais.					Pavillons (des Trois).	2e.	Beaujolais.	d. Pet.-Champs.	J 5
Panier fleuri (du).	11e.	compris dans la r. Neuve de Seine			Paxent (Saint).	8e.	du Parc-Royal.	d.Fr.-Bourgeois	M 6 - M 7
Panorama-Dramatiq. (théâtre du).	5e.	Boul. du Temple		N 5	Payen (passage du clos).	12e.	du Petit-Champ	Bar des Gobelins	K12-K13
Panorama.	1er.	Boul.d.Capucin.		H 4	Payenne.	8e.	N.-Ste.-Cather.	du Parc-Royal.	M 7
Panoramas (pess. des).	2e.	Boul. Montmart.	Saint-Marc.	J 4	Pecquay (cul-de-sac).	7e.	des Blancs-Mant.	près la rue du Chaume.	L 6
Panoramas (des).	2e.	Boul. Montmart.		J 4	Peintres (cul-de-sac de).	6e.	Saint-Denis.	pr. la r. aux Ours	L 5
Panthémont (caserne de).	10e.	de Grenelle.		F 7	Pélagie (prison de Sainte). Hommes détenus p. dettes.	12e.	de la Clef.		L 10
Gardes-du-corps.					Pélerins (Saint-Jacques d.)	9e.	de la Grande-Truanderie.	Mauconseil.	K 5 - K 6
Panthéon (bibliothèque de).	12e.	coll. de Henri IV		K 9	Pélican (du).	4e.	de Grenelle S.H.	Croix-des-Petits-Champs.	J 6
Panthéon (marché du).	12e.	Soufflot.		K 9	Pellée (ruelle).	8e.	pet. r.St.-Pierre	les Jardins.	N 6
Panthéon (place du).	12e.	en face l'église Ste.-Geneviève		K 9	Pelleterie (de la).	9e.	de la Barillerie.	de la Lanterne.	K 7
Pantin (barrière de).	5e.	du ch. de Pantin	route de Meaux.	N 1	Pelletier (quai).	9e.	place de l'Hôtel-de-Ville.	Pont N.-Dame.	K 7 - L 7
Pantin (chemin de ronde de la barrière de).	5e.	Barr. de Pantin.	Bar. de la Villette	N 1	Pépinière (avenue de la).	11e.	jard. du Luxemb.	Pl. de l'Observ.	J 10 - J 11
Paon (cul-de-sac du).	11e.	du Paon.	près la rue du Jardinet.	J 8	Pépinière (caserne de la).	1er.	de la Pépinière.		F 3
Paon (du).	11e.	du Jardinet.	de l'Éc.-de Méd.	J 8	Pépinière (de la).	1er.	de Courcelles.	du Rocher.	E 3 - G 3
Paon (du).	12e.	Saint-Victor.	Traversine.	L 9	Percée.	9e.	des Prét.-S.-Paul	Saint-Antoine.	N 7
Paon blanc (du).	9e.	quai des Ormes.	de la Mortellerie.	M 8	Percée	11e.	de la Harpe.	Hautefeuille.	K 8
Papillon.	3e.	Place Montholon	Bleue.	K 3	Perche (de).	7e.	d'Orléans.	Vlle r. du Temp.	M 6
Paradis (de).	3e.	du f. S.-Denis.	du f. Poissonniè.	K 3 - L 3	Perdue.	12e.	Place Maubert.	des Gr.-Degrés.	K 8
Paradis (de).	7e.	du Chaume.	Vlle. r. du Temp.	M 6	Pères (port des Saints).	10e.	Quai Malaquais.		H 7
Parcheminerie (de la).	11e.	Saint-Jacques.	de la Harpe.	K 8	Pères (des Saints).	10e.	Quai Malaquais.		H 7
Parc-Royal (du).	8e.	de Thorigny.	Saint-Louis.	M 6 - N 6	Pérignon.	10e.	des Paillassons.	Aven. de Saxe.	D 9 - E 9
Parmentier (avenue).	8e.	Saint-Ambroise.	des Amandiers.	O 6 - P 6	Père la Chaise (cimetière d.).		Bar. d'Aunay.	extra muros.	Q 6
Parvis-Notre-Dame (pl. du).	9e.	en face l'église.		K 8	Périgueux (de).	6e.	de Bretagne.	Boucherat.	N 6
					Périon (Sainte). V. Sainte Geneviève.				

(27)

RUES, PLACES, PASSAGES, QUAIS, PONTS, etc.	Arrondiss.	TENANS.	ABOUTISSANS.	RENVOIS AU PLAN.	RUES, PLACES, PASSAGES, QUAIS, PONTS, etc.	Arrondiss.	TENANS.	ABOUTISSANS.	RENVOIS AU PLAN.
Périne (hospice Ste.), pour les vieillards.	1er.	de Chaillot.		C 4	Pierre (petite rue Saint).	8e.	Amelot.	du Chemin-Vert	N 6 - N 7
Perle (de la).	8e.	Thorigny.	Vlle.r du Temp.	K 7	Pierre-des-Arcis (Saint).	9e.	de la Vlle.-Drap.	Gervais-Laurent	K 7
Pernelle.	9e.	de la Mortellerie	quai de la Grève	M 6	Pierre-Assis.	12e.	Saint-Hippolyte	Mouffetard.	L 11
Perpignan (de).	9e.	des Marmouzets	des Trois Canet.	L 7	Pierre-aux-Bœufs (Saint).	9e.	Place du Parvis Notre-Dame.	des Marmouzets.	K 8
Perrin-Gasielin.	4e.	Saint-Denis.	Vlle.-Harenger.	K 7	Pierre-au-Lard.	7e.	du Poirier.	Neuve-S.-Merri.	L 6
Perron (passage du)	2e.	Palais-Royal.	Vivienne.	I 5	Pierre-Lescot.	4e.	pl. du Muséum.	Saint-Honoré.	J 6
Petits-Pères (carrefour des).	3e.	du Mail.	des Petits-Pères	J 5	Pierre-Lombard.	12e.	Mouffetard.	av. cl S.-Marcel	L 11
Petits-Pères (caserne des).	3e.	N.-D.-d.Victoir.		J 5	Pierre-à-Poissons.	4e.	de la Saunerie	place du Châtelet	K 7
Petits-Pères (passage des).	3e.	Neuve des Petits Champs.	Notre-Dame-d.-Victoires.	J 5	Pierre-Sarrazin.	11e.	de la Harpe.	Hautefeuille.	J 8
					Pierre (spectacle de).	4e.	Pass. Montesq.		J 6
Petits-Pères (place des).	3e.	en face l'église de ce nom.		J 5	Pigalle.	2e.	Blanche.	Bar. Montmartre d'Artois.	H 2 - H 1
Petits-Pères (des).	3e.	Vide-Gousset.	de la Feuillade.	J 5	Pinon.	2e.	Neuve-Grange-Batelière.		J 3
Petit-Pont.	11e. 12e.	du Marché-Palu	du Petit-Pont.	K 8	Pirouette.	4e.	Place du carreau de la Halle.	Mondétour.	K 6
Petit-Pont (du).	12e.	le Petit-Pont.	Galande.	K 8	Pistolets (des Trois).	9e.	du Petit-Musc.	Beautreillis.	M 8
Petite-Halle (fontaine de la).	8e.	du f. S.-Antoine	de Montreuil.	P 8	Pitié (carrefour de la).	12e.	Copeau.	Saint-Victor.	L 9
Pet-au-Diable (du). Voyez du Tourniquet-St.-Jean.					Pitié (hospice de la).	12e.	Copeau.		L 9
					Placide (Sainte).	10e.	d. Vlle.-Tuiler.	de Sèvres.	G 8 - G 9
Petrelle.	2e.	du f. Poissonniè.	Rochechouart.	K 2	Planche (de la).	5e.	de la Chaise.	du Bac.	G 8
Pharmacie centrale.	12e.	quai de la Tourn.		L 8	Planche-Mibray.	7e.	S.-Jac.-la.-Bouc.	pont Not.-Dame	K 7
Phelipeaux.	6e.	du Temple.	Frépillon.	M 5	Planchette (cul-de-sac de la).	6e.	Saint-Martin.	près la rue Mesl.	L 4
Philippe-du-Roule (égl. S.)	1er.	du Roule.		E 3	Planchette (ruelle de la).	8e.	des Terres-For.	de Charenton.	N 8
					Plantes (Jardin des). Voyez Jardin du Roi.	8e.	mur de clôture.	de Charenton.	Q 10 - Q 11
Philippe (passage Saint).	1er.	du f. S.-Honoré	de Courcelles.	E 3	Plat d'étain (du).	4e.	des Lavandières	des Déchergeurs	K 6
Philippe (Saint).	5e.	de Cléry.	Bourbon-Villen.	K 4	Plâtre (du).	7e.	des Anglais.	Saint-Jacques.	K 8
Picpus (barrière de).	6e.	Royale.	Bailly.	L 5	Plâtre (du).	12e.	de l'Hom.-Arm.	Sainte-Avoye.	L 6
Picpus (chemin de ronde de la barrière de).	8e.	de Picpus.	Saint-Maur.	S 11	Plumet (cul-de-sac).	7e.	des Brodeurs.	v.-à-v.lar.Plum.	F 8
		Bar. de Picpus.	Bar. de S.-Mandé	S 10 - S 11	Plumet.	10e.	Boul. des Inval.	des Brodeurs.	E 9 - F 8
Picpus (de).	8e.	du f. S.-Antoine	Bar. de Picpus.	R 9 - S 11	Plumet (Neuve).	10e.	Boul. des Inval.	Av. de Breteuil.	E 9
Pied-de-Bœuf (du).	7e.	de la Joaillerie.	de la Tuerie.	K 7	Plumets (des).	9e.	de la Mortellerie	Quai de la Grève	L 7
Pierre (cul-de-sac Saint).	3e.	Montmartre.	près l'hôtel des Messageries.	J 4 - K 4	Poirées (Neuve des).	11e.	des Poirées.	Saint-Jacques.	K 9
Pierre (cul-de-sac Saint).	8e.	Neuve-S.-Pierre		N 7	Poirées (du marché aux).	4e.	carr. de la Halle	Place du Légat	K 6
Pierre (église Saint).	10e.	de Chaillot.		C 5	Poirier (du).	7e.	Simon-le-Franc.	Neuve-S.-Merri	L 6
Pierre (église Saint).	10e.	S.-Dominique.	au Gros-Caillou.	D 6	Poissonnière (barrière).	2e.	du f. Poissonnié.	Montmartre.	K 1
Pierre (passage Saint).	9e.	Saint-Antoine.	Saint-Paul.	M 8	Poissonnière (boulevard).	3e.	Poissonnière	Montmartre.	K 4
Pierre (passage Saint).	4e.	de la Tacherie.	des Arcis.	K 7	Poissonnière (che. de ronde de la barrière).	2e.	Bar. Poissonnié.	B. Rochechouart	K 1
Pierre (basse Saint).	1er.	de Chaillot.	quai Debilly.	C 5	Poissonnière (cul-de-sac).	8e.	Jarente.	près le marché Ste.-Catherine	M 7
Pierre (Neuve-Saint).	8e.	des Douze Portes	Neuve-S.-Gilles.	N 7					
Pierre.	8e.	de Ménilmontant	Saint-Sébastien.	N 6					
Pierre (Saint).	3e.	Montmartre.	N.-D.-des-Vict.	J 5 - K 5					

RUES, PLACES, PASSAGES, QUAIS, PONTS, etc.	Arrondiss.	TENANS.	ABOUTISSANS.	RENVOIS AU PLAN.	RUES, PLACES, PASSAGES, QUAIS, PONTS, etc.	Arrondiss.	TENANS.	ABOUTISSANS.	RENVOIS AU PLAN.
Poissonnière.	3e. 5e.	Boul. Poissonn.	de Cléry.	K 11	Port-Mahon (de). Porte-Foin.	2e. 7e.	Carref. Gaillon. du Temple.	Louis-le-Grand. des Enf.-Rouges	H 4 N 5
Poissonnière (du faubourg).	3e.	Boul. Poissonn.	Bar. Poissonniè.	K 1 - K 4	Porte S.-Den.(arc-de-triom.)	5e.	Boul. S.-Denis.		L 4
Poissons (marché aux).	4e.	carr. de la Halle.		K 6	Porte S.-Den. (quart. de la). Porte S.-Mar.(arc-de-triom.)	6e. 5e.	Boul. S.-Martin.		L 4
Poissy (de).	12e.	quai de la Tourn.	Saint-Victor.	L 8 - L 9	Porte S.-Mar. (quartier de la)	5e.	Boul. S.-Martin.		L 4
Poitevins (des).	11e.	du Battoir.	Hautefeuille.	J 8	Porte S.-Martin (théât. de la)	5e.		de la Tixerand.	L 7
Poitiers (de).	10e.	quai d'Orsay.	de l'Université.	G 6 - G 7	Portes (des Deux).	7e.	de la Verrerie.	Hautefeuille.	J 8
Poitiers (Neuve de).	1er.	N.-de-l'Oratoire	Neuve de Berry	D 3	Portes (des Deux).	11e.	de la Harpe.	Thévenot.	K 5
Poitou (de).	7e.	d'Orléans.	Vlle.r.du Temp.	M 6	Portes (des Deux).	5e.	du Petit-Lyon.	Saint-Louis.	N 6
Polivau (de).	12e.	du Marché-aux-Chevaux.	Boul. de l'Hôpit.	L11-M11	Portes (des Deux). Portes (des Trois).	8e. 12e.	N.-S.-Pierre. Place Mauhert.	des Rats.	K 8
Pologne (carref. de la pot.).	1er.	de la Pépinière.	de l'Arcade.	G 3	Poste aux chevaux.	10e.	S.-Germ. d. Prés		H 7
Polytechnique (École roy.).	12e.	de la Montagne-Ste.-Geneviève		K 9	Poste aux lettres (hôtel de l'administration des).	3e.	J.-J. Rousseau.		K 5
Pommes de ter. (mar. aux).	4e.	du Marché-aux-Poirées.		K 6	Poste aux chevaux (de la). V. Saint-Germain-des-Prés.				
Pompe (cul-de-sac de la).	5e.	de Bondy.	pr. la p. S.-Mart	L 4	Postes (des).	12e.	pl. de l'Estrapa.	de l'Arbalètre.	K10-K11
Pompe (pass. de la).	1er.	quai Debilly.	de Chaillot.	C 5	Pot-de-Fer (fontaine du).	12e.	Mouffetard.	du Pot-de-Fer.	K 10
Pompe (de la).	10e.	de l'Université.	quai d'Orsay.	D 6	Pot-de-Fer (des Postes).	12e.	des Postes.	Mouffetard.	K 10
Pompiers (caserne des).	1er.	de la Paix.		H 4	Pot-de-Fer Saint-Germain.	11e.	du V.-Colombier	de Vaugirard.	H 8 - H 9
Pompiers (caserne des).	7e.	Cult.Ste.-Cathe.		M 7	Poterie (de la).	4e.	de la Tonnellerie	de la Lingerie.	K 6
Pompiers (caserne des).	11e.	du V. Colomb.		H 8	Poterie (de la).	7e.	de la Tixerand.	de la Verrerie.	L 7
Pompiers (état-major-génér. des).	11e.	quai des Orfévr.		K 7	Poitiers-d'Étain (des). Poudres et salpêt. (Hôtel de l'administrat. génér. des).	4e. 9e.	Pirouette. cour de l'Arsenal	de la Cossonnerie	K 8 N 8
Ponceau (fontaine du).	6e.	Saint-Denis.	du Ponceau.	L 5	Poules (des).	12e.	de la Ville.-Estra.	du Puits q. par le	K 10
Ponceau (du).	6e.	Saint-Denis.	Saint-Martin.	L 4 - L 5	Poules (des).	6e.	place du Louvre	Saint-Honoré.	J 6
Pont-aux-Biches (cul-de-sac du).	6e.	vis-à-vis le pont aux Choux		M 5	Poulletier.	9e.	quai d'Anjou.	quai de Béthune.	M 8
Pont-aux-Biches.	12e.	Censier.	du Fer-à-Moulin	L 11	Poupée.	11e.	Hautefeuille.	de la Harpe.	K 8
Pont-aux-Biches.	6e.	Neuv.-S.-Laur.	N.-D. de Nazaret.	M 5	Pourtour (du).	9e.	Place Baudoyer	du Monceau.	K 8
Pont-aux-Choux (du).	8e.	Saint-Louis.	Boul. S.-Antoine	N 6	Prêcheurs (des).	4e.	desPnt.-d'Étain.	Saint Denis.	K 6
Pont-de-Lodi (du).	11e.	Dauphine.	des Gr.-August.	J 7	Préfecture du département (hôtel de la).	7e.	place de l'Hôtel-de-Ville.		L 7
Ponthieu (de).	1er.	Neuve de Berry	Av. de Matignon	D 4 - E 4	Préfecture de police (hôtel de la).	9e.	de Jérusalem.		K 8
Pont-Neuf (place du). V. de Henri IV.									
Pontoise (de).	12e.	quai de la Tourn.	Saint-Victor.	L 8 - L 9	Président de la chambre des députés (hôtel de la).	10e.	de Bourbon.		F 6
Ponts-et-Chaussées et Mines (administration des).	1er.	Place Vendôme		G 4	Prêtres Saint-Nicolas (cul-de-sac des).	6e.	Saint-Martin.	vis-à-vis la rue Greneta.	L 5
Ponts (des Deux).	9e.	Pont-Marie.	Pont de la Tour.	L 8	Prieuré (du grand).	10e.	de la Tour.	Ménilmontant.	N 5
Popincourt (abattoir de).	8e.	Saint-Ambroise.	des Amandiers.	P 6	Prince (hospice le).	10e.	S.-Dominique.	au Gros-Caillou	D 6
Popincourt (caserne de).	8e.	Popincourt.		O 6	Princesse.	11e.	du Four.	Guisarde.	H 8
Popincourt (quartier de).	8e.	Popincourt.		O 6	Prêt-Fixe (passage du).	2e.	le Richelieu.	de Montpensier.	J 5
Popincourt (de).	11e.	deMénilmontant	de la Roquette.	O 5 - P 5	Projetée (avenue).	8e.	rnel.A.S.-Mandé	place du Trône.	R 9
Porcs (marché aux).	12e.	Boul. de l'Hôpit.		M 11					
Porcherons (carrefour des).	2e.	Saint-Lazare.	des Martyrs.	J 3					

(29)

RUES, PLACES, PASSAGES, QUAIS, PORTS, etc.	Arrondis.	TENANS.	ABOUTISSANS.	RENVOIS AU PLAN.	RUES, PLACES, PASSAGES, QUAIS, PORTS, etc.	Arrondis.	TENANS.	ABOUTISSANS.	RENVOIS AU PLAN.
Projetée (cul-de-sac de lar.).	1er.	fait part. de la r. Godot-de-Maur.		G 3	Rats (barrière des).	8e.	le cimetière de Mont-Louis.	(fermée.)	Q 7
Propylée de Saint-Martin.	5e.	près le bassin de la Villette.		N 1	Rats (ch. de r. de la barr. d.)	8e.	barr. des Rats.	b. d'Aunay.	Q 6 - Q 7
					Rats (des).	12e.	Galande.	de la Bûcherie.	K 8
Prouvaires (des).	3e.	Traînée.	Saint-Honoré.	K 6	Rats (des).	8e.	Folie-Régnault.	anc. b. des Rats	Q 7
Provence (de).	2e.	du la Ch.-d'Ant.	du f. Montmartre	H 3 - J 3	Ravel. V. Saint-Romain.				
Provençaux (cul-de-sac des).	4e.	de l'Arbre-Sec.	derrière S.-Ger.-l'Auxerrois.	J 6	Réale (de la).	5e.	de la Gr.-Truan	de la Tonnellerie	K 6
					Recette générale du département de la Seine.	1er.	du f. du Roule		F 4
Puits (du).	7e.	desBlancs-Mant.	Ste-Croix-de-la-Bretonnerie.	L 7 - M 6	Récollets (fontaine des).	5e.	du f. Saint-Mart.	près les Incur.	M 3
Puits (cul-de-sac du bon).	12e.	Traversine.		L 9	Récollets (des).	5e.	Grange-aux-Bel.	du f. S.-Martin	M 3 - N 3
Puits (du bon).	12e.	Saint-Victor.	Traversine.	L 9	Recouvrance (N.-Dame de).	5e.	Beauregard.	b. B.-Nouvelle.	K 4
Puits-Certain (du). V. Saint-Hilaire.					Regard (du).	10e.	des Vlles-Tuil.	de Vaugirard.	G 9
					Regnard.	11e.	place de l'Odéon	de Condé.	J 6
Puits-l'Ermite (place du).	12e.	près Sainte-Pél. Gracieuse.		L 10	Regratière.	9e.	quai d'Orléans.	Saint-Louis.	L 8
Puits-l'Ermite.	12e.	des Gravilliers.	du Battoir. pass. du Comm.	L 10 L 5 - M 5	Reims (de).	12e.	des Cholets.	des Sept-Voies.	K 9
Puits-de-Rome (passage et cour du).	6e.				Reine-Blanche (de la).	12e.	Mouffetard.	des f. S.-Marcel	L 11-L 12
Puits qui parle.		Ste-Geneviève.	des Postes.	K 10	Reine-de-Hongrie (p. de la)	3e.	Montorgueil.	Montmartre.	K 5
Putigneux (cul-de-sac des).	9e.	Geoffroy-l'Asn.	près la rue de la Mortellerie.	L 7	Reine (cours la).	1er.	pl. Louis XV.	de la Ch.-d'An.	D 5 - F 5 G 4 - H 4
					Rempart (basse du).	1er.	pl. de la Madel.	de Surène.	H 5
Pyramides (des).	1er.	Saint-Honoré.	place de Rivoli.		Rempart (du chemin du).			b. de la Madel.	G 4
Quatre-Fils (des).	7e.	Vlle r. du Tem	du Gr.-Chantier	M 6	Renard (du).	5e.	Saint-Denis.	des Deux-Portes	K 5 - L 5
Quatre-Vents (des).	11e.	de Condé.	de Seine.	J 8	Renard (du).	7e.	de la Verrerie.	Neuve S.-Merri	L 6 - L 7
Quenouilles (ruelle des).	4e.	quai de la Még.	S.-Germ.-l'Aux.	K 7	Renaud-le-Fèvre.	7e.	place Beaudoyer	marché S.-Jean	L 7
Quiberon. V. Montpensier.					Reposoir (du petit).	3e.	place des Victoir	des V.-August.	J 5
Quincampoix.	6e.	Aubry-le-Bouch.	aux Ours.	L 6	Réservoirs (barrière des).	1er.	les Champs.	(fermée.)	B 4
Quinze-Vingts (égl. d.), suc.	8e.	de Charenton.		O 8	Réservoirs (cul-de-sac des).	1er.	de Chaillot.	vis-à-vis le pass. de la Pompe.	B 5 - C 5
Quinze-Vingts (hospice des).	8e.	de Charenton.		O 8					
Quinze-Vingts (passage des).	1er.	Saint-Honoré.	Saint-Louis.	H 6	Retiro (cour du).	1er.	Saint-Honoré.	de Surène.	F 4
Quinze-Vingts (quart. des).	8e.				Retiro (pass. de la cour du).	1er.	du f. S.-Honoré	de Surène.	F 4
Quinze-Vingts (des).	1er.	de Rivoli.	de Valois.	H 6	Reuilly (barrière de).	8e.	de Reuilly.	le Grand-Puits.	R 11
					Reuilly (carrefour de).			du f. S Antoine	Q 8
Racine.	11e.	Place de l'Odéon	de M. le Prince	J 8	Reuilly (chemin de ronde de la barrière de).	8e.	barr. de Reuilly	b. de Picpus.	R 11-S 11
Radziwille (passage).		de Valois.	des Bons-Enfans	J 6					
Rambouillet (du).	8e.	de Bercy.	de Charenton.	O 10-P 10	Reuilly (cul-de-sac de).	8e.	pet. rue de Réuil	près la rue de Charenton.	Q 9
Rameau.	2e.	de Richelieu.	Sainte-Anne.	H 4 - J 5	Reuilly (de).	8e.	Saint-Antoine.	barr. de Reuilly	Q 9-R 11
Ramgonneau (barrière de).	6e.	de l'Orillon.		P 4	Reuilly (petite rue de).	8e.	de Carenton.	de Reuilly.	P 10-Q 9
Ramponneau (chem. de ron. de la barrière de).	6e.	Ramponneau	barr. de Bellev.	O 4-P 4	Réunion (passage de la).	7e.	Saint-Martin.	du Maure.	L 6
					Riboute.	3e.	Bleue.	pl. Montholon.	K 3
Rapée (barrière de la).	8e.	bords de la Seine	Charenton.	O 11	Richelieu (fontaine de).	2e.	de Richelieu.	Traversière.	H 5
Rapée (chemin de ronde de la barrière de).	8e.	b. de la Rapée.	barr. de Bercy.	O 11-P 11	Richelieu (de).	2e.	Saint-Honoré.	b. Montmartre.	J 4 - H 5
					Richelieu (neuve de).	11e.	place Sorbonne.	de la Harpe.	J 9
Rapée (port de la).	8e.	quai de la Rapée.		N 10-O 11	Richepanse.	1er.	Saint-Honoré.	Duphot.	G 4
Rapée (quai de la).	8e.	Traversière.	barr. de la Rap.	N 10-F 11					

8

RUES, PLACES, PASSAGES, QUAIS, PONTS, etc.	Arrondiss.	TENANS.	ABOUTISSANS.	RENVOIS AU PLAN.	RUES, PLACES, PASSAGES, QUAIS, PONTS, etc.	Arrondiss.	TENANS.	ABOUTISSANS.	RENVOIS AU PLAN.
Richer.	2e.	du f. Montmartre	d. f. Poissonnière	J 3 - K 3	Roule (fontaine du).	1er.	près la rue de Mouceaux.	du f. du Roule	D 3
Riom (barrière de). *Voyez* Rampouneau.					Roule (quartier du).	1er.			
Rivoli (place de).	1er.	de Rivoli.		H 5	Roule (du).	4e.	des Prouvaires.	Bétizy.	K 6
Rivoli (de).	1er.	de Rohan.	Saint-Florentin	G 5 - H 6	Roule (crois du).	1er.	d. Chartres.	cour f. du Roule.	C 2 - D 2
Roch (église Saint), cure.	2e.	Saint-Honoré.		H 5	Roule (du faubourg du).	1er.	d'Angoulême.	barrière du Roule	C 2 - E 3
Roch (passage Saint).	2e.	Saint-Honoré.	d'Argenteuil.	H 5	Rousseau (Jean-Jacques).	3e.	Montmartre.	Coquillière.	J 5 - K 5
Roch (neuve Saint).	2e.	Saint-Honoré.	Neuve des Pet.-Champs.	H 5	Rousselet.	10e.	Plumet.	de Sèvres.	F 8 - F 9
Roch (Saint).	3e.	du Gros-Chenet	Poissonnière.	K 4	Rousselet (supprimée).	1er.	du Colysée.	allée des Veuves	
Rochechouart (barrière de).	2e.	de Rochechouart	Montmartre.	K 1	Royal (palais).	2e.	Saint-Honoré.		J 6
Rochechouart (ch. de ronde de la barrière de).	1er.	barrière de Rochechouart.	bar. des Martyrs	J 1 - K 1	Royal (place du palais).	2e.	Saint-Honoré.		J 6
Rochechouart.	2e.	Montholon.	b. Rochechouart	K 1 - K 3	Royal (musée).	4e.	au Louvre.		J 6
Rochefoucault (la).	2e.	Saint-Lazare.	bar. Montmartre	H 2 - J 1	Royal (pont).	1er.	pal. des Tuiler.	du Bac.	G 6 - H 6
Rocher (du).	1er.	de la Pépinière	bar. deMouceaux	F 2 - G 3	Royale (bibliothèque).	4e.	de Richelieu.		J 5
Rohan (cour de).	11e.	cul-de-sac de la cour de Rohan	pass. de la cour du Commerce	J 8	Royale (place).	3e.	Saint-Antoine.		N 7
Rohan (cul-de-sac de la cour de).	11e.	de l'Eperon.	vis-à-vis la rue du Jardinet.	J 8	Royale.	1er.	place Louis XV	Saint-Honoré.	F 5 - G 4
Rohan (pass. de la cour de).	11e.	cour du Commerce.	cul-de-sac de la cour de Rohan	J 8	Royale.	8e.	Saint-Antoine.	place Royale.	N 7 - N 8
Rohan-Rochefort (hôtel de).	10e.	de Varennes.		F 7	Royale.	6e.	marc. S.-Martin	cour S.-Martin.	L 5
Rohan (de).	1er.	Saint-Honoré.	cour du Comm.	H 6	Sabin (cul-de-sac Saint)	8e.	Saint-Sabin.	p. la rue de la Roquette.	O 7
Rohan.	11e.	du Jardinet.		J 8	Sabin (Saint).	8e.	d'Aval.	du Chemin-Vert.	O 7
Roi (jardin du).	12e.	du Jardin du Roi	place Walhubert	L 10-M 10	Sabot (du).	10e.	du Four.	du Dragon.	H 8
Roi-de-Sicile.	7e.	VIIe rue du T.	des Ballets.	M 7	Sabres (ruelle des trois).	8e.	bar. de Reuilly.		R 11
Rollin-prend-gage (c.-de-s.).	4e.	des Lavandières	près la rue des Fourreurs.	K 6	Saintonge (de).	6e.	boul. du Temp.	de Bretagne.	M 6 - N 5
Romain (Saint).	10e.	de Sèvres.	du Petit-Vaugirard.	F 9	Saints-Pères (des).	10e.	quai Voltaire.	de Grenelle.	G 8 - H 8
Rome (cul-de-sac de).	6e.	Frépillon.	vis-à-vis la rue Aumaire.	J 5	Saint-Séverin.	11e.	Saint-Séverin.	vis-à vis l'église Saint-Magloire.	K 8
Rome (pas. du cul-de-sac de)	6e.	Frépillon.	passag. de Rome	L 5 - M 5	Salle-au-Comte.	6e.	aux Ours.		L 6
Roquépine.	1er.	de la Vill-l'Evê.	d'Astorg.	F 3	Salpêtres (cour des).	9e.	N de la Cerisaie	près le b. Bourd.	L 7
Roquette (cul-de-sac de la).	8e.	de la Roquette.	pr. la rue Basfr.	O 7 - P 7	Sanhédrin (place du).	9e.	du Tourniquet-Saint-Jean.		
Roquette (de la).	8e.	place Saint-Ant.	de la Bluette.	O 8 - P 7	Sanson.	5e.	des Marais.	de Bondy.	M 4
Rosiers (des).	7e.	des Juifs.	VIIe rue du T.	M 6	Santé (barrière de la).	12e.	ancien hôpital de la Santé.	actuellement fermée	J 13
Rotonde du Temple.	6e.	marché au vieux Linge.		M 5	Santé (de la).	12e.	Ch. des Capucins	b. Saint-Jacques	J 11 - J 12
Rotonde (de la).	6e.	enclos du Tem.	de la Corderie.	M 5	Sartine (carré de).	4e.	J.-J. Rousseau.	de Grenelle.	J 5
Rouge (de la Boule).	2e.	du f. Montmartre	Richer.	K 3	Sartine (de).	4e.	de Viarmes.	Coquillière.	J 5 - J 6
Roule (abattoir du).	1er.	de Miromesnil.	Saint-Germain.	E 3	Saumon (passage du).	3e.	Montorgueil.	Montmartre.	K 5
Roulé (barrière du).	1er.	du f. du Roule.		C 2	Saunerie (de la).	9e.	q. de la Mégisser.	S.-G. l'Auxerr.	K 7
Roule (chemin de ronde de la barrière du).	1er.	barr. du Roule.	barr. de Neuilly	C 2 - C 3	Saunier (passage).	2e.	Richer.	Bleue.	K 3
					Saussaic (pont de la).	12e.	Poliveau.		N 10
					Saussayes (des).	1er.	du f. S.-Honoré	de Surène.	F 4

(31)

RUES, PLACES, PASSAGES, QUAIS, PONTS, etc.	Arrondiss.	TENANS.	ABOUTISSANS.	RENVOIS AU PLAN.	RUES, PLACES, PASSAGES, QUAIS, PONTS, etc.	Arrondiss.	TENANS.	ABOUTISSANS.	RENVOIS AU PLAN.
Sauveur (Saint).	5e.	Saint-Denis.	Montorgueil.	K 5 - L 5	Sorbonne (de).	12e.	des Mathurins.	place Sorbonne	J 9 - K 8
Sauveur (Neuve Saint).	5e.	du Petit-Carreau	Damiette.	K 4 - K 5	Soubise (fontaine de).	6e.	du Chaume.	de Paradis.	M 6
Savoie (de).	11e.	des Gr.-August.	Pavée-Saint-André-des-Ars.	J 7 - J 8	Soufflot.	12e.	Saint-Jacques.	pl. du Panthéon	K 9
					Sourdière (de la).	2e.	Saint-Honoré.	de la Corderie.	H 5
Savonnerie (Manufact. roy. de la).	1er.	quai Debilly.		C 5	Sourdis (cul-de-sac).	4e.	des Fossés - S.-Germ.- l'Aux.	près la place du Louvre.	J 0
Savonnerie (de la).	6e.	Saint - Jacques-la - Boucherie	de la Heaumerie	K 7	Sourds et Muets (Institution des).	12e.	Sainte-Jacques.		J 10
Saxe (avenue de).	10e.	place Fontenoy	de Sèvres.	D 8 - E 9	Spire (Saint).	5e.	Sainte-Foi.	des-Filles-Dieu	L 4
Scipion (place de).	12e.	rue de ce nom	du Fer-à-Moulin	L 11	Subsistances de la marine (administration des).	10e.	de Varennes.		F 7
Scipion (de).	12e.	des F.-Bourgeois	du Fer-à-Moulin	L 11	Subsistances militaires (direction générale des).	11e.	de Vaugirard.		G 9
Sébastien (cul-de-sac Saint).	8e.	Saint - Sébastien	pr. la r. S.-Pier.	N 6 - O 6					
Sébastien (Saint).	8e.	Saint-Pierre.	de Popincourt.	N 6 - O 6					
Ségur (avenue de).	10e.	place Vauban.	avenue de Saxe	D 8 - E 8	Sud (cimetière du).			barrière du Mont-Parnasse.	G 11
Seine (de).	12e.	quai S.-Bernard	du Jardin du Roi	L 10-M 9					
Seine (de).	10e.	quai Malaquais.	du Petit-Bourb.	H 7 - J 8	Sud-Ouest (voirie du)	11e.	des Fourneaux.	b. des Fourneaux	G 11
Séminaire Saint-Louis (caserne de vétérans).			d'Enfer.	J 9	Suffren (avenue de).	10e.	av. de Lowendal	quai d'Orsay.	E 11
					Suifs (marché aux).	12e.	de Pontoise.		B 7 - D 9
Séminaire Saint-Sulpice.	11e.	place S.-Sulpice		H 8	Sully (de). Voyez Cérissie.				L 8
Sentier (du).	3e.	Saint-Roch.	b. Poissonnière	K 4	Sulpice (église Saint).	11e.	pl. Saint-Sulpice		H 8
Sept-Voies (des).	12e.	S.-Et.-des-Grés	Saint-Hilaire.	K 9	Sulpice (fontaine Saint).	11e.	mar. S. Germain		H 8
Sépulcre. Voy. du Dragon.					Sulpice (place Saint).	11e.	en face de l'église		H 8
Serpente.	11e.	de la Harpe.	Hautefeuille.	J 6 - K 8	Suresne (de).	1er.	du Chemin-du-Rempart.	des Saussayes.	F 4 - G 4
Servandoni.	11e.	Palatine.	de Vaugirard.	H 8 - H 9					
Sévérin (carrefour Saint).	11e.	Saint-Sévérin.	Saint-Sévérin.	K 8	Tabacs (manufacture royale des).	10e.	quai d'Orsay.	de l'Université.	D 6
Sévérin (église Saint).	11e.	S.-Jacques.		K 8					
Sévérin (fontaine Saint).	11e.	Saint-Jacques.	Saint-Sévérin.	K 8	Vlle-Harangerie	4e.	Jean Pain-Molet	Saint-Denis.	K 6
Sévérin (passage Saint).	11e.	des Prêtres.	de la Parchemin.	K 8	Tabletterie (de la).	7e.		de la Coutellerie	K 7 - L 7
Sévérin (Saint).	11e.	de la Harpe.	Saint-Jacques.	K 8	Tacherie (de la).	9e.	(supprimé.)		
Sévérin (des prêtres).	11e.	Saint-Sévérin	Bas-Meudon.	E 10	Tachon (passage de l'hôtel).	9e.	Brise-Miche.	du cloît. S.-Méri.	L 6
Sèvres (barrière de).	10e.	de Sèvres.	barrière des Paillassons.	D 9	Taille-Pain.	2e.	de Provence.	boul. des Italiens	H 3 - H 4
Sèvres (chemin de ronde de la barrière de).	10e.	barr. de Sèvres	barrière de Sèv.	E 10-G 8	Taitbout.	7e.	place de l'hôtel-de-Ville.	Planche Mibray	K 7 - L 7
Sèvres (de).	10e.	carrefour de la Croix - Rouge	de la Tannerie		Tannerie (de la).	7e.			
Simon-Finet (ruelle de).	7e.	de la Tannerie	Sainte-Avoye.	L 7	Tannerie (de la Vieille). V. de la Vieille - Place-aux-Veaux.				
Simon-le-Franc.	9e.	Maubuée.	Sainte-Croix-de-la-Bretonnerie	L 6					
Singes (des).	7e.	des Blancs-Manteaux.		M 7	Tantale (fontaine de).	3e.	pl. de la Pointe Saint-Eustache		K 6
Sœurs (cour des deux).	8e.	de Charonne.	pr. lo r. de Lappe	O 8	Tapis et meubles de la Couronne, dite de la Savone. (manufacture de).			quai Debilly.	C 5
Sœurs (cour des deux).	2e.	du f. Montmartre	pr. la r. Buffault	J 3					
Sœurs (cul-de-sac des).	12e.	des F.-Bourgeois	pr. la r. de Scipion	L 11					
Soleil d'Or (passage du).	1er.	de la Pépinière	du Rocher.	G 3	Taranne.	10e.	des Saints-Pères.	Saint-Benoît.	H 7 - H 8
Soly.	3e.	des V.-Augustins	de la Jussienne	J 5 - K 5	Taranne (petite rue).	10e.	du Sabot.	de l'Égout.	H 8
Sorbonne (place).	11e.	de Sorbonne.		J 9	Teinturiers (des).	9e.	de la Vannerie.	de la Tannerie.	K 7
Sorbonne (quartier de la).	11e.								

RUES, PLACES, PASSAGES, QUAIS, PONTS, etc.	Arrondiss.	TENANS.	ABOUTISSANS.	RENVOIS AU PLAN.	RUES, PLACES, PASSAGES, QUAIS, PONTS, etc.	Arrondiss.	TENANS.	ABOUTISSANS.	RENVOIS AU PLAN.
Télégraphes (bureau cent. des).	10e.	de l'Université.		H 5	Tour (de la)	6e.	du f. du Temple	Folie-Méricourt	N 5
Temple (boulevard du).	6e.	des F.-du-Calv.	du Temple.	N 5	Tour d'Auvergne (de la).	2e.	des Martyrs.	Rochechouart.	J 2 - K 2
Temple (fontaine du).	6e.	du Temple.	près la rue de Vendôme.	M 5	Tour-des-Dames.	2e.	Blanche.	Rochefoucault.	H 2
Temple (quartier du).	6e.				Touraine (de) S.-Germain.	11e.	de l'Éc. de Méd	Fos.-de-M.-le-P	J 8
Temple (des fossés du).	6e.	du f. du Temple	de Ménilmontant	N 5 - N 6	Touraine (de) au Marais.	7e.	du l'erche.	de Poitou.	M 6
Temple (du).	6e. 7e.	des Audriettes.	boul. du Temple	M 5 - M 6	Tournelle (pont de la).	9e. 12e.	des Deux-Ponts	quai de la Tour.	L 8
Temple (du faubourg du).	5e. 6e.	boul. du Temple	bar. de Belleville	N 4 - O 4	Tournelle (port de la).	12e.	de la Tournelle	des fos.-S.-Ber.	L 8
Temple (Vieille rue du).	7e. 8e.	Saint-Antoine.	Saint-Louis.	L 7 - N 8	Tournelle (quai de la).	12e.	de Bièvre.	de Pontoise.	L 8 - L 9
Terres-Fortes (des).	8e.	de la Contresc.	Moreau.	L 8 - O 9	Tournelles (fontaine des).	8e.	des Tournelles.	Saint-Antoine.	N 8
Tessé (hôtel).	10e.	de Varennes.		F 7	Tournelles (des).	8e.	Neuve-S.-Gilles	Saint-Antoine.	N 7 - N 8
Thabor (du Mont).	1er.	de Mondovi.	de Castiglionne	G 5	Touniquet (du).	9e.	du Monceau.	Cloître S.-Jean.	L 7
Théologie, Scienc. et Lettr. (Faculté de).	11e.	à la Sorbonne.		J 6	Tournon (de).	11e.	de Seine.	de Vaugirard.	J 8 - J 9
Thérèse.	2e.	Ventadour.	Saint-Anne.	H 5	Tourville (avenue de).	10e.	av. de la Mothe-Piquet.	boulevard des Invalides.	D 8 - E 8
Thermes (restes de l'ancien palais des).	11e.	de la Harpe.		K 8	Tracy (de).	6e.	du Ponceau.	Saint-Denis.	L 4
Thévenot.	5e.	du Petit-Carreau	Saint-Denis.	K 5 - L 5	Traînée.	3e.	de la Fromager.	pl. S.-Eustache	K 6
Thibault-aux-Dés.	4e.	S.-Germ.-l'Aux.	des Deux-Boules	K 6 - K 7	Transnonain.	7e.	Aumaire.	Grenier-S.-Laz.	L 5 - L 6
Thionville (place).	11e.	du Harlay.	pl. de Henri IV	J 7	Trahoir (fontaine du).	4e.	au coin de la r. de l'Arbre-Sec		J 6
Thionville (Voy. Dauphine).					Traverse.	10e.	de Sèvres.	Plumet.	F 8 - F 9
Thiroux.	1er.	N. des Mathurins	Saint-Nicolas.	G 3	Traversière Saint-Honoré.	2e.	de Richelieu.	Saint-Honoré.	H 5
Thomas-d'Aquin (église S.)	10e.	place Saint-Thomas - d'Aquin	en face l'église.	G 7	Traversière Saint-Antoine.	8e.	du f. S.-Antoine	quai de la Rap.	N 10 - O 8
Thomas-d'Aquin (place S.)	10e.			G 7	Traversine.	12e.	d'Arras.	de la Montagne-S.-Geneviève	K 9 - L 9
Thomas-d'Aquin (quart. S)	10e.				Treille (cul-de-sac de la).	4e.	Chilpéric.	près l'église S.-Germ.-l'Aux.	
Thomas-d'Aquin (Saint).	10e.	St. - Dominique	place Saint-Thomas - d'Aquin	G 7	Treille (passage de la).	1er.	mar. S.-Germ.	des Boucheries	H 8 - J 8
Thomas (Saint).	11e.	d'Enfer.	Saint-Jacques.	J 9	Treille (passage du cul-de-sac de la).	4e.	Chilpéric.	des fossés-Saint-Germ.-l'Aux.	J 6
Thomas du Louvre.	1er.	pl. du Pal.-Roy.	galerie du Louvre	H 6	Trésor royal.	2e.	N. d. Pet.-Cham.		J 5
Thorigny.	8e.	du Parc - Royal	Maint - Anastase	M 6	Trinité (enclos de la).	6e.	Greneta.	Saint-Denis.	L 5
Thouars (du Petit).	6e.	du Temple.	March. du Temp.	M 5	Trinité (passage de la).	6e.	Saint-Denis.	Greneta.	L 5
Timbre extraordinaire (hôt. de l'administration du)	1er.	de la Paix.		H 4	Triomphes (avenue des).	8e.	place du Trône	chemin de ronde de la Clef.	R 9 - S 8
Tiquetonne.	3e.	Montmartre.	Montorgueil.	K 5	Triperet.	12e.	Gracieuse.		L 10
Tirechape.	4e.	Bétizy.	Saint-Honoré.	K 6	Triperie (de la).	10e.	fait partie de la pl. du Châtelet de la Pompe.	quai d'Orsay.	C 6 - D 6
Tiron.	7e.	Saint-Antoine.	du Roi-de-Sicile	M 7	Triperie (du pont de la).		d'Avignon.	de la Hesumerie	K 7
Tisseranderie (de la).	7e.	de la Poterie.	place Beaudoyer	L 7	Trognon.	6e.			
Tivoli (jardin de).	9e.	de Clichy.	Saint-Lazare.	G 2 - G 3	Trône (barrière du).	8e.	du f. S.-Antoine	Vincennes.	S 9
Tonnellerie (de la).	4e.	Saint-Honoré.	de la Fromagerie	K 5	Trône (chemin de ronde de la barrière du).	8e.	barr. du Trône	bar. de Montreuil	S 8 - S 9
					Trône (place du).	8e.	barr. du Trône		R 9

RUES, PLACES, PASSAGES, QUAIS, PONTS, etc.	Arrondiss.	TENANS.	ABOUTISSANS.	RENVOIS AU PLAN	RUES, PLACES, PASSAGES, QUAIS, PONTS, etc.	Arrondiss.	TENANS.	ABOUTISSANS.	RENVOIS AU PLAN
Troussevache, actuellement la Reynie.	6e.	Saint-Denis.	des 5 Diamans.	K 6	Vase (fontaine du).	4e.	place de l'École der. les Invalides		J 6 E 8
Trouvée.	8e.	de Charenton.	marc. Beauveau.	O 9	Vauban (place de).	10e.			
Truanderie (de la Grande).	5e.	comtess. d'Artois	Saint-Denis.	K 5 - K 6	Vaucanson.	6e.	Conté.	Ferd.-Bertoud.	L 5
Truanderie (de la Petite).	5e.	Mondétour.	de la Gr. Truanderie.	K 6	Vaudeville (passage du).		(à démolir pour la réunion du Lou. aux Tu.		H 6
Trudon.	1er.	Boudreau.	Neuve des Mathurins.	G 3	Vaudeville (théâtre du).	1er.	de Chartres.		H 6
Tuerie (de la).	7e.	(fermée).		K 7	Vaugirard (barrière de).	10e.	de Vaugirard.	Bellevue, Meud.	E 10
Tuileries (cour du palais d.).	1er.	arc-de-triomphe.	Palais des Tuileries.	H 6	Vaugirard (chemin de ronde de la barrière de).	10e.	b. de Vaugirard	bar. de Sèvres.	E 10
Tuileries (cul-de-sac des Vieilles).	10e.	des Vieilles-Tuileries.	vis-à-vis la rue Sainte-Placide	G 9	Vaugirard (cimetière de).	10e.	b. de Vaugirard	extra muros.	E 10
Tuileries (jardin des).	1er.	Pal. des Tuileries		G 5 - H 6	Vaugirard (de).	10e.	des F.-Bourg.	b. de Vaugirard	E 10 - L 9
Tuileries (palais des).	1er.	quai des Tuiler.	de Rivoli.	H 5	Vaugirard (du Petit).	11e.	de Bagneux.	de Vaugirard.	F 9 - F 10
Tuileries (quai des).	1er.	Pont-Royal.	pont Louis XVI	F 5 - H 6	Veaux (halle aux).	12e.	de Poissy.	de Pontoise.	L 8
Tuileries (quartier des).	1er.				Veaux (place aux).	12e.	q. de la Tourn.		L 8
Tuileries des Vieilles).	10e.	du Regard.	Bagneux.	G 9	Veaux (de la vieille pl. aux).	7e.	Planche-Mibray	S.-Jac.-la-Bouc.	K 7
Turenne (V. Saint-Louis).	8e.				Vendeuil (passage).	6e.	(supprimé.)		
					Vendôme (place).	1er.	Saint-Honoré.	de la Paix.	G 5 - H 5
Ulm (d').	12e.	des Ursulines.	Vieille-Estrapad.	K 10	Vendôme (de).	6e.	du Temple.	Charlot.	M 5 - N 5
Université (palais de l').	10e.	de l'Université.		F 6	Vendôme (de la place). V. Louis-le-Grand.	1er.			
Université (de l').	10e.	des Saints-Pères.	pont des Inval.	E 6 - H 7	Vendôme (quart. de la pl.).	1er.			
Ursins (Basse des).	9e.	des Chantres.	Glatigny.	K 7 - L 6	Vénérie (hôpital des).	2e.	ch. des Capucins		J 11
Ursins (Haute des).	9e.	de Glatigny.	Saint-Landry.	K 7	Vénériens (hôpital des).	12e.		vis-à-vis la rue de Venise.	K 6 - L 6
Ursins (Milieu des).	9e.	quai de la Cité.	Haute des Urs.	K 7	Venise (cul-de-sac de).	6e.	Quincampoix.		
Ursulines (des).	12e.	S.-Jacques.	d'Ulm.	J 10 - K 10	Venise (passage de).	6e.	c.-de-s. de Ven.	Cour-Batave.	K 6 - L 6
Usine royale d'éclairage.	2e.	Beauregard.		J 2	Venise (de).	6e.	Saint-Martin.	Quincampoix.	L 6
					Ventadour.	2e.	Neuve-des-Petits-Champs.	Thérèse.	H 5
Vaccination (hôp. centr. de)	11e.	du Battoir.	S.-Jacques.	J 8	Vents (passage des Quatre).	1er.	(supprimé.)		
Val-de-Grâce (hôpital du).	12e.	de Grenelle.		J 11	Vents (c.-de-s. des Quatre).	11e.	du Brave.		J 8
Val-de-Grâce (du).	12e.	d'Enfer.	Saint-Jacques.	J 10	Verdelet.	3e.	Coq-Héron.	J.-J. Rousseau.	K 5
Valère (église Sainte), succ.	10e.	Saint-Honoré.		H 6 - J 6	Verderet.	5e.	de la Gr. Truanderie.	Mauconseil.	K 5 - K 6
Valois (de).	1er.	de Courcelle.	du Rocher.	D 3 - F 2	Verneuil (de).	10e.	de Poitiers.	des S.-Pères.	G 7 - H 7
Valois (de).	2e.	Saint-Honoré.	Beaujolais.	J 5 - J 6	Verrerie (de la).	7e.	Saint-Martin.	marché S.-Jean.	G 6 - L 7
Vannerie (de la).	7e.	Planche-Mibray	place de l'Hôtel-de-Ville.	K 7 - J 7	Versailles (cul-de-sac de).	12e.	Traversine.	vis-à-vis la rue de Versailles.	L 9
Vannes (place Saint).		rue Conté.		L 5	Versailles (de).	12e.	Traversine.	Saint-Victor.	L 9
Vannes (de).	4e.	de Viarmes.	des Deux-Ecus.	J 6 - K 6	Vert-Bois (du).	6e.	Saint-Martin.	du Pont-aux-Biches.	L 5 - M 5
Vaunes (Saint). V. Conté.					Vert-Buisson (c.-de-s. du).	10e.	de l'Université.	(à démolir p. le pal. de l'Univ.)	C 6
Varennes (de).	10e.	du Bac.	bur. des Invalid.	E 7 - G 8					
Variétés (passage des).	2e.	Saint-Honoré.	Palais-Royal.	H 5 - H 6					
Variétés (théâtre des).	2e.	boul. Montmart.		J 4					

RUES, PLACES, PASSAGES, QUAIS, PONTS, etc.	Arrondis.	TENANS.	ABOUTISSANS.	RENVOIS AU PLAN.	RUES, PLACES, PASSAGES, QUAIS, PONTS, etc.	Arrondis.	TENANS.	ABOUTISSANS.	RENVOIS AU PLAN.
Verte (grande rue).	1er.	du f. S.-Honoré.	de la Ville-l'Évê.	E 3 - F 3	Vinaigriers (des).	5e.	du f. S.-Martin.	de Carême-Pren.	N 3 - N 3
Verte (petite rue).	1er.	du f. S.-Honoré.	Verte.	F 3 - E 4	Vincennes (avenue de).	8e.	bar. de Vincenn.	Place du Trône	R 9
Verte (caserne de la rue).	1er.	Verte.		E 3	Vincennes (barrière de). V.	8e.			S 9
Vertus (barrière des).	5e.	du Chât.-Landon	les Vertus.	N 1	du Trône.				
Vertus (chemin de ronde de la barrière des).	5e.	bar. des Vertus.	bar. Saint-Denis	M 1 - N 1	Vincent de Paul (église S.), succursale.	2e.	Montholon.		K 3
Vertus (des).	6e.	des Gravilliers.	Phelippeaux.	M 5	Vincent de Paul (Saint).	11e.	du Bac.	Pl. S.-Thomas- d'Aquin.	G 7
Veuves (allée des).	1er.	Cours-la-Reine.	de Matignon.	D 5 - E 4	Vins (halle aux).	12e.	quai S.- Bernard.		M 9
Viande (halle à la).	4e.			K 6	Vivienne.	2e.	Montpensier.	Neuve-d.-Filles- S.-Thomas.	J 4 - J 5
Viarmes (de).	4e.	Pourt. extér. de la Halle au blé pl. du Châtelet.		J 6 - K 6	Voie-Creuse (de la). Voyez des Cornes.	3e.			
Victoire (fontaine de la).				K 7	Voirie (de la).	5e.	Chât.-Landon.	de la Chapelle.	M 1
Victoire (de la). V. Chante- reine.	2e.				Voirie (de la).	1er.	la Maison-Neuve	des Grésillons.	F 3
Victoires (église N.-D. des).	3e.	pl. d. Pet.-Pères		J 5	Voirie (de la).	8e.	Popincourt.	Ménilmontant.	O 5
Victoires (fontaine des).		pass. des Petits- Pères.	au coin de la rue Notre - Dame- des-Victoires.	J 5	Voirie (de la Petite).	1er.	Maison-Neuve.	de la Bienfaisan.	F 3
Victoires (place des).	3e.	Croix-des-Petits- Champs.		J 5	Voirie (de l'Est).	1er.	de la Petit.-Voir.	Ménilmontant.	O 5
Victor (carrefour Saint).	4e.				Voirie (du Nord-Est).	5e.	Chât.-London.	du Ch. de la Cha.	M 1
Victor (Saint).	12e.	d. Fossés-Saint- Victor.	d. Fossés-Saint- Bernard.	L 9	Voirie (du Nord-Ouest).	1er.	de la Voirie.	des Grésillons.	F 3
Victor (des Fossés Saint)	12e.	place Maubert.	Copeau.	K 9 - L 10	Voirie (du Sud-Ouest).	11e.	rue et barrière des Fourneaux.		E 10
Vide-Gousset.	3e.	Saint-Victor	Fourcy.	K 10 - L 9	Voirie (de Montfaucon).		extra muros.	Bar. du Combat.	O 2
Vieux Roge (halle au).	6e.	pl. des Victoires du Temple.	du Mail.	J 5	Volaille et au gibier (march. à la).	11e.	quai des August.	Gr.-August.	I 7
Vigan (passage du).	4e.	des Vieux - Au- gustins.	des Fossés-Mont- martre.	M 5	Voltaire (quai).	10e.	Pont-Royal.	des Saints-Pères	H 6 - H 7
Vierge (de la).	10e.	de l'Université.	S.-Dominique.	C 6 - D 6	Voltaire.	11e.	de M. le Prince.	Pl. de l'Odéon.	J 8
Vignes (cul-de-sac des).	12e.	des Postes.	vis-à-vis la rue Royale.	K 10	Vosges (place des). Voyez Royale.				
Vignes (des).	12e.	du Banquier.	Boul. de l'Hôpit.	L 12	Vrillière (de la).	4e.	de la Feuillade.	Croix-d.-Petits- Champs.	J 5
Vignes (des).	1er.	G. rue de Chaillot	Aven. de Neuilly	C 4	Vrillière (petite rue de la).	4e.	de la Vrillière.	Pl. des Victoires	J 5
Villars (avenue de).	10e.	place Vauban.	Boul. d. Invalides	E 8					
Villedot.	2e.	Sainte-Anne.	de Richelieu.	H 5	Walhubert (place de).	12e.	pont du Jardin du Roi.		N 10
Ville (Bibliothèque de la).	9e.	pl. du Sanhédrin	Hôtel-de-Ville.	L 7	Washington (place de). V. de l'Oratoire.	4e.	des Marais.		J 6
Ville (Hôtel de).	9e.	place de l'Hôtel- de-Ville.		L 7	Wauxhall (bal du).	5e.	Samson.		M 4
Ville-l'Évêque (carr. de la).	1er.	de la Ville-l'Év.	des Saussayes.	F 4	Wauxhall (passage du) V. rue Samson.	5e.			
Ville-l'Évêque (pass. de la).	1er.	de Surêne.	de l'Arcade.	G 4	Wertingen. Voyez de Furs- temberg.	10e.			
Ville-l'Évêque (de la).	1er.	de l'Arcade.	de la Pépinière.	F 3 - G 4					
Villejuif (abattoir de).	12e.	barrière d'Ivry.		M 12	Zacharie (passage).	11e.	Zacharie.	Saint-Severin.	K 8
Villette (barrière de la).	5e.	la Villette.	canal de l'Ourcq.	N 1	Zacharie.	11e.	Saint-Severin.	de la Hachette.	K 8
Villette (chem. de roade de la barrière de la).	5e.	bar. des Vertus.		N 1					
Villiot.	8e.	quai de la Rapée	de Bercy.	O 10					

GOUVERNEMENT.
ADMINISTRATIONS DE LA VILLE DE PARIS.

Paris, capitale du royaume, est le siége du gouvernement, la résidence ordinaire du souverain, des ministères et des principales administrations publiques.

Le Roi habite le château des Tuileries.

Conseil des Ministres.

Il se compose des ministres secrétaires d'État, qui se rassemblent, ou devant le Roi, ou sous la présidence d'un ministre nommé à cet effet. Il délibère sur les matières de haute administration, sur la législation administrative, sur tout ce qui tient à la police générale, à la sûreté du royaume et du trône et au maintien de l'autorité royale.

Conseil privé.

Il ne s'assemble que sur convocation spéciale et faite d'après les ordres du Roi ; le nombre des membres de ce conseil est illimité, il ne discute que les affaires qui lui sont spécialement soumises.

Conseils de cabinet.

Ils sont présidés par le Roi ou par le président du conseil des ministres. Ils se composent de tous les ministres secrétaires d'État, de quatre ministres d'État au plus, et de deux conseillers d'État désignés par le Roi pour chaque conseil.

Conseil d'Etat.

Il se compose de toutes les personnes auxquelles il a plu au Roi de conférer le titre de conseiller d'État, ou celui de maître des requêtes, soit en service ordinaire, en service extraordinaire ou honoraire. Les membres composant le service ordinaire sont répartis en six comités, savoir : les comités de législation, du contentieux, de l'intérieur et du commerce, des finances, de la guerre, de la marine et des colonies. Le conseil d'État délibère sur tous projets de loi ou ordonnances portant réglement d'administration publique, qui lui sont renvoyés par les ministres ; il est présidé par le Roi, par le président du conseil des ministres ou par le garde-des-sceaux.

CHAMBRE DES PAIRS.

Au Palais du Luxembourg.

« La Chambre des Pairs est une portion es-
» sentielle de la puissance législative. Elle est
» convoquée par le Roi en même temps que la
» Chambre des Députés des départemens. La
» session de l'une commence et finit en même
» temps que celle de l'autre. La nomination des
» Pairs de France appartient au Roi; leur nom-
» bre est illimité. Les Pairs ont entrée dans la
» chambre, et voix délibérative à trente ans
» seulement.

» La Chambre des Pairs connait des crimes
» de haute trahison et des attentats à la sûreté
» de l'État. » (*Charte constitutionnelle*.)

CHAMBRE DES DÉPUTES DES DÉPARTEMENS.

Au Palais Bourbon.

La Chambre des Députés est composée des députés élus par les colléges électoraux. Chaque département a un nombre de députés déterminé d'après sa population.

Les députés sont élus pour cinq ans, de manière que la Chambre soit renouvelée chaque année par cinquième. Aucun député ne peut être admis dans la Chambre, s'il n'est âgé de 40 ans, et s'il ne paie une contribution directe de 1000 francs. Le président est nommé par le Roi, sur une liste de cinq membres présentés par la Chambre. Le Roi convoque chaque année la Chambre; il la proroge et peut la dissoudre; mais, dans ce cas, il doit en convoquer une nouvelle dans le délai de trois mois.

DÉPARTEMENT DE LA JUSTICE.

Place Vendôme, n° 17.

Les divisions de ce département sont : l'organisation du personnel de l'ordre judiciaire;— des affaires civiles ;— des affaires criminelles et des grâces;— de la comptabilité;— la commission du sceau.

ADMINISTRATIONS ET ÉTABLISSEMENS

DÉPENDANT DU MINISTÈRE DE LA JUSTICE, A PARIS.

Commission du sceau.
Cour de cassation, au Palais-de-Justice.
Cour des comptes, cour de la Sainte-Chapelle.
Cour royale de Paris, au Palais-de-Justice.
Tribunal de première instance, au Palais-de-Justice.
Tribunal du commerce, à la Bourse.
Justices-de-paix de Paris : juge-de-paix du

1er arrondissement, rue Caumartin, n° 33;— du 2°, rue d'Autin, n° 5, à la mairie;— du 3°, aux Petits-Pères;— du 4°, place du Chevalier-du-Guet, n° 4;— du 5°, rue Thévenot, n. 4; — du 6°, rue d'Angoulême, n° 8, quartier du Temple;— du 7°, rue du Roi de Sicile, n° 32; — du 8°, Place Royale, n° 14;— du 9°, rue Beautreillis, n° 14;— du 10°, rue de Grenelle St.-Germain, n° 40;— du 11°, rue Servandoni, n° 24;— du 12°, rue des Bernardins, n° 22.

Tribunal de police municipale, au Palais de Justice.

Imprimerie royale, hôtel Soubise, Vieille rue du Temple.

DÉPARTEMENT DES AFFAIRES ÉTRANGÈRES.
Boulevard des Capucines.

Le maintien et l'exécution des traités et conventions de politique et de commerce, la correspondance avec les ambassadeurs, ministres et résidens des puissances étrangères près du Roi de France, et du Roi de France près les souverains étrangers.

DÉPARTEMENT DE L'INTÉRIEUR.
Rue de Grenelle, n° 122.

Les diverses parties de ce département sont : la direction générale des ponts-et-chaussés;— le secrétariat général, rue de Grenelle, n° 101; — la division des affaires ecclésiastiques et cultes non catholiques, rue de Grenelle, n° 101; — l'administration générale du personnel et des bâtimens civils;— division du commerce, des arts et manufactures, agriculture, haras, subsistances, poids et mesures; — division des sciences et beaux-arts, des belles-lettres, de l'instruction publique, des théâtres et journaux; — division de comptabilité générale;— direction de la police; — administration générale des communes, hospices, établissemens de bienfaisance et établissemens sanitaires;— commission pour les eaux minérales;— direction des gardes nationales.

ADMINISTRATIONS ET ÉTABLISSEMENS
DÉPENDANS DU MINISTÈRE DE L'INTÉRIEUR.

Direction générale de la police, rue de Grenelle Saint-Germain, n. 101.

Direction générale des travaux de Paris, rue du Bac, n° 88.

Conseil général des manufactures, rue de Grenelle, n° 122.

Conseil général du commerce, rue des Saints-Pères, n° 13.

Comité des bâtimens civils, quai Voltaire, n° 3.

Conservation des monumens civils, rue Saint-Honoré, n° 319.

Archives du royaume, rue de Paradis au Marais, n° 18.

Préfecture du département, Hôtel-de-Ville.

Chambres des communes de Paris, à l'Hôtel-de-Ville.

La commune de Paris est divisée en douze cantons ou justices-de-paix : ils ont chacun un maire et deux adjoints, qui sont chargés de la partie administrative et des fonctions relatives à l'État civil. Ces douze mairies se partagent en quatre arrondissemens qui ont chacun un collége électoral ; le premier arrondissement est composé des trois premières mairies ; le deuxième, des quatrième, cinquième et sixième mairies ; le troisième, des septième, huitième et neuvième mairies ; et le quatrième, des dixième, onzième et douzième mairies.

Premier arrondissement, rue du faubourg Saint-Honoré, n° 14. Composé des quartiers des Tuileries, des Champs-Élysées, de la place Vendôme et du Roule.

Deuxième arrondissement, hôtel Mondragon, rue d'Antin, n° 3. Composé des quartiers Feydeau, de la Chaussée-d'Antin, du Palais-Royal et du faubourg Montmartre.

Troisième arrondissement, aux Petits-Pères, près la place des Victoires. Composé des quartiers du faubourg Poissonnière, Montmartre, Saint-Eustache et du Mail.

Quatrième arrondissement, place du Chevalier-du-Guet, n° 4. Composé des quartiers Saint-Honoré, du Louvre, des Marchés et de la Banque de France.

Cinquième arrondissement, rue Grange-aux-Belles, n° 2. Composé des quartiers de Bonne-Nouvelle, Montorgueil, du faubourg Saint-Denis et de la porte Saint-Martin.

Sixième arrondissement, abbaye Saint-Martin-des-Champs, rue Saint-Martin, n°s 208 et 210. Composé des quartiers des Lombards, de Saint-Martin-des-Champs, du Temple et de la porte Saint-Denis.

Septième arrondissement, hôtel Saint-Agnan, rue Sainte-Avoye, n° 57. Composé des quartiers Sainte-Avoye, du Mont-de-Piété, du marché Saint-Jean et des Arcis.

Huitième arrondissement, place Louis XIII (Royale), n° 14. Composé des quartiers des Quinze-Vingts, du Marais, de Popincourt et du faubourg Saint-Antoine.

Neuvième arrondissement, rue de Jouy, n° 9. Composé des quartiers de l'Hôtel-de-Ville, de la Cité, de l'île Saint-Louis et de l'Arsenal.

Dixième arrondissement, rue de Verneuil, n° 13. Composé des quartiers du faubourg Saint-Germain, de la Monnaie, de Saint-Thomas-d'Aquin et des Invalides.

Onzième arrondissement, rue Garancière, n° 10. Composé des quartiers de la Sorbonne, du Luxembourg, de l'École-de-Médecine et du Palais-de-Justice.

Douzième arrondissement, rue Saint-Jacques, n° 262. Composé des quartiers Saint-Jacques, du Jardin du Roi, Saint-Marcel et de l'Observatoire.

Instruction publique, chef-lieu, rue de l'Université, n° 15.

Institut royal et Académie Française, au ci-devant collége des Quatre-Nations.

Académie de Paris, à la Sorbonne, rue de ce nom.

Faculté de Théologie, à la Sorbonne.

Faculté de Droit de Paris, place Sainte-Geneviève.

Faculté de Médecine, rue de l'École-de-Médecine.

Ecole de pharmacie de Paris, au Jardin du Roi.

Faculté des Sciences, à la Sorbonne.

Faculté des Lettres, à la Sorbonne.

Collége royal de Louis-le-Grand, rue Saint-Jacques, n° 123.

Collége royal de Henri IV, place Sainte-Geneviève.

Collége royal de Saint-Louis, rue de la Harpe, ancien collége d'Harcourt.

Collége royal de Bourbon, rue Sainte-Croix.

Collége royal de Charlemagne, rue Saint-Antoine, ancienne maison des grands jésuites.

Collége de Notre-Dame-des-Champs, rue de ce nom, n° 28.

Collége Sainte-Barbe, rue des Postes, n 3.

Collége royal de France, place Cambray.

Bureau des longitudes, à l'Observatoire.

Bibliothèque du Roi, rue de Richelieu.

Ecole royale et spéciale des langues orientales vivantes, à la Bibliothèque du Roi.

Bibliothèque Mazarine, palais des Beaux-Arts.

Bibliothèque Sainte-Geneviève, place Sainte-Geneviève.

Bibliothèque de la ville, à l'Hôtel-de-Ville.

Musée de Minéralogie, à l'hôtel de la Monnaie.

Ecole royale et spéciale des beaux-arts, rue des Petits-Augustins. Divisée en deux sections : 1re, peinture et sculpture ; 2e, architecture.

Ecoles royales gratuites de dessin, rue de l'École-de-Médecine et rue de Touraine.
Muséum d'histoire naturelle, au Jardin du Roi.
Direction générale des ponts-et-chaussées et des mines, place Vendôme, n° 19.
Ecole royale des ponts-et-chaussées, rue Culture-Sainte-Catherine, n° 27, hôtel Carnavalet.
Ecole royale des mines, rue d'Enfer, hôtel Vendôme, n° 34.
Cabinet de minéralogie, rue d'Enfer, n° 34.
Conservatoire royal des arts-et-métiers, rue Saint-Martin.
Ecole royale des arts-et-métiers, au Conservatoire.
Hôpital royal des Quinze-Vingts, rue de Charenton.
Institution royale des jeunes-aveugles, rue Saint-Victor, n° 68.
Asile royal de la Providence, barrière des Martyrs, n° 50.
Administration des hôpitaux, hospices et secours, rue Neuve-Notre-Dame.
Hôtel-Dieu, parvis Notre-Dame.
Hôpital de la Pitié, rue Saint-Victor.
Hôpital de la Charité, rue des Saints-Pères.

Hôpital du faubourg Saint-Antoine, à l'ancienne abbaye de ce nom.
Hôpital Cochin, rue du faubourg Saint-Jacques.
Hôpital de Madame Necker, rue de Sèvres, près le boulevard.
Hôpital Beaujon, rue du faubourg du Roule.
Hôpital des enfans malades, rue de Sèvres.
Hôpital Saint-Louis, rue des Récollets.
Hôpital des Vénériens, Champ des Capucins, rue Saint-Jacques.
Maison de santé, rue du faubourg Saint-Denis.
Maison de santé, rue du faubourg Saint-Jacques.
Maison d'accouchement, rue de la Bourbe.
Hospice des enfans-trouvés, rue d'Enfer.
Hospice de la Salpétrière, boulevard de l'Hôpital.
Hospice des incurables-femmes.
Hospice des incurables-hommes.
Hospice des orphelins, rue du faubourg Saint-Antoine.
Hospice des ménages, rue de Sèvres (ci-devant hôpital des petites-maisons).
Etablissement central de vaccination gratuite, rue du Battoir-Saint-André-des-Ars, n° 1.

Amphithéâtre d'anatomie des hopitaux de Paris, près l'hôpital de la Pitié.

Etablissement de filature, maison hospitalière, près la Place-Royale.

Secours à domicile (il y a un bureau à chaque arrondissement).

Bureaux de charité, 1er arrondissement, Grande rue Verte, n° 22. — 2e, rue Neuve-Saint-Roch, n° 9. — 3e, à la mairie. — 4e, à la mairie. — 5e, à la mairie. — 6e, à la mairie. — 7e, rue du Puits, n° 10. — 8e, rue de la Chaussée-des-Minimes, n° 4. — 9e, rue Faucounier, n° 7. — 10e, rue de l'Université, n° 58. — 11e, rue Saint-André-des-Ars, n° 49. — 12e, à la mairie.

Etablissement en faveur des blessés indigens, rue du Petit-Musc, n° 9.

Mont-de-Piété, rue des Blancs-Manteaux et rue de Paradis, au Marais; *sa succursale*, rue des Petits-Augustins, n° 20.

Association pour le soulagement et la délivrance des prisonniers, Administration, rue du Bac, n° 43.

Société de Médecine pratique, à l'Hôtel-de-Ville, le 1er et 3e vendredi de chaque mois.

Société pour l'extinction de la petite Vérole en France, rue du Battoir-Saint-André-des-Ars.

Société pour l'encouragement de l'Industrie nationale, rue du Bac, n° 42.

Société de Géographie, rue Taranne, n° 12.

Société pour l'Instruction élémentaire, rue du Bac, n° 42.

Société royale et centrale d'Agriculture, à l'Hôtel-de-Ville.

Société royale académique des Sciences, à l'Hôtel-de-Ville.

Administration de l'exploitation générale des Messageries royales, rue Notre-Dame-des-Victoires.

Administration des Tontines, rue de Grammont, n° 13.

Etat-Major général de la Garde-Nationale de Paris, rue de Provence, n° 63.

Etat-Major des légions, 1re légion, rue du faubourg Saint-Honoré, n° 14. — 2e, rue d'Antin, n° 44, hôtel Mondragon. — 3e, à l'ancien couvent des Petits-Pères, près la place des Victoires. — 4e, place du Chevalier-du-Guet. — 5e, rue Grange-aux-Belles. — 6e, au Conservatoire des arts-et-métiers, rue Saint-Martin. — 7e, rue Sainte-Avoye, au Marais. — 8e, Place-Royale. — 9e, rue de Jouy, n° 9. — 10e, rue de Verneuil, à la mairie. — 11e, rue Garancière, n° 10. — 12e, rue Saint-Jacques, à la mairie. — *Garde à cheval*, rue de Provence, n° 63.

Préfecture de police, quai des Orfèvres, près le Palais-de-Justice.

Gendarmerie de Paris ; ce corps est sous les ordres de Monsieur le préfet de police. (*Casernes*, voyez la nomenclature.)

Adjudans de la ville de Paris, employés près de la gendarmerie.

Sapeurs-Pompiers, état-major, quai des Orfèvres, n° 20. (*Casernes*, voyez la nomenclature.)

DÉPARTEMENT DE LA GUERRE.
Rue Saint-Dominique, n° 82.

Matériel et personnel de l'armée, service des poudres et salpêtres, service de santé des armées. Équipement, habillement, armement et subsistances militaires, dépôt de la Guerre, hôtel des Invalides, etc.

ADMINISTRATIONS ET ÉTABLISSEMENS
DÉPENDANS DU MINISTÈRE DE LA GUERRE.

Grande chancellerie de l'ordre royal de la Légion-d'Honneur, rue de Bourbon.

Ecole d'application du Corps royal d'état-major, rue de Varennes, n° 26.

Etat-Major général de la Garde-Royale, aux Tuileries, galerie neuve.

Hôpital militaire de la Garde-Royale, au Gros-Caillou.

Dépôt de la guerre, pour les cartes et plans, rue de l'Université, n° 61.

Ecole d'application des Ingénieurs-Géographes, au dépôt de la guerre.

Ecole royale Polytechnique, place de la Montagne Sainte-Geneviève.

Comité de l'Artillerie, place Saint-Thomas-d'Aquin.

Direction générale des poudres et salpêtres, à l'Arsenal.

Direction du génie, quai Voltaire, n° 7.

Dépôt des fortifications, rue de l'Université.

Conseil de guerre, rue du Cherche-Midi, n° 34.

Intendans militaires, rue de Verneuil.

Direction générale des subsistances militaires, rue de Vaugirard, n° 100.

Hôtels des gardes-du-corps. (Voyez la nomenclature.)

Casernes de la garde et de la ligne. (Voyez la nomenclature.)

Etat-Major général de la 1ʳᵉ division militaire, rue Bourbon, n° 1.

Etat-Major de la place, place Vendôme.

Hôpital militaire de Paris, au Val-de-Grâce.
Magasin de bois et fourrages de la garnison, rue Saint-Dominique.
Ecole royale d'équitation, rue Cadet, n° 19.

DÉPARTEMENT DE LA MARINE ET DES COLONIES.
Rue Royale, n° 2.

Le personnel et le matériel de la marine royale ; l'entretien et le mouvement des forces navales, l'entretien des ports militaires, l'inscription maritime ; la levée des marins pour le service des bâtimens du Roi, et celle des ouvriers pour les travaux d'arsenaux maritimes. Les forges et fonderies de la marine. Les hôpitaux de la marine. L'administration de la police des bagnes, les tribunaux maritimes ; le martelage des bois propres aux constructions navales, la police de la navigation et des pêches maritimes, l'administration de la caisse des Invalides de la marine.

L'administration militaire, civile et judiciaire, et la défense des colonies.

ADMINISTRATIONS ET ÉTABLISSEMENS
DÉPENDANS DU MINISTÈRE DE LA MARINE.

Amirauté de France, rue Royale, n° 2.
Administration des subsistances de la marine, rue de Varennes, n° 37.

Dépôt des cartes et plans, rue de l'Université, n 13.
Trésorier général des Invalides de la marine, rue Saint-Honoré, n° 383.

Le Dépôt des chartes et archives de la marine et des colonies, où sont déposés tous leurs actes civils et judiciaires, à Versailles.

DÉPARTEMENT DES FINANCES.
Rue de Rivoli.

Les bureaux, même rue.

Le budget de l'État, la répartition et le recouvrement des contributions, la direction du trésor, la surveillance des administrations financières et des cautionnemens, monnaies et salines de l'État. L'ordonnance des rentes et pensions et de toutes les dépenses qui n'appartiennent à aucun ministère. La distribution, par mois, des fonds à mettre à la disposition des ministres, les négociations, les rapports de surveillance avec la banque de France et la chambre syndicale des agens-de-change de Paris.

Le contentieux des caisses de la dette publique, des domaines, la nomination des payeurs, des receveurs et des percepteurs. L'ensemble de tout ce qui intéresse directement ou indirectement l'administration financière du royaume.

ADMINISTRATIONS ET ÉTABLISSEMENS
DÉPENDANS DU MINISTÈRE DES FINANCES.

Direction générale des postes (1), Hôtel des Postes, rue J.-J. Rousseau.

Poste-aux-chevaux, rue Saint-Germain-des-Prés, n° 10. (On ne peut avoir de chevaux de poste sans un passe-port ou permis.)

Direction générale de l'enregistrement et des domaines, rue de Choiseuil, n° 2.

Administration des forêts, rue Neuve-Saint-Augustin, n° 23.

Administration de la loterie royale, rue de Rivoli.

Direction générale des douanes, rue Montmartre, hôtel d'Uzès.

Administration des contributions indirectes, rue Sainte-Avoye, n° 44.

Inspection générale des contributions indirectes, rue des Francs-Bourgeois, au Marais, n° 10.

Administration des Monnaies, quai Conti, n° 11. Les pièces frappées à Paris portent la lettre A.

Administration des salines de l'Est, rue Louis-le-Grand, n° 25.

(1) La situation et la marque des bureaux de poste de Paris se trouvent dans la nomenclature.

Caisse d'amortissement, des dépôts et consignations, rue et maison de l'Oratoire.

Banque de France, rue de la Vrillière.

Direction des contributions directes du département de la Seine, Vieille rue du Temple, n°^{s} 24 et 26.

Recette générale du département de la Seine, rue du faubourg Saint-Honoré, n° 29.

Trésorier de la ville de Paris, rue d'Anjou Saint-Honoré, n° 11.

Bourse de Paris, rue Feydeau.

Direction des droits d'octroi et d'entrée de Paris, rue des Francs-Bourgeois, n° 21, au Marais.

Comité des receveurs-généraux, rue de Ménars, n° 9.

DÉPARTEMENT DE LA MAISON DU ROI.

Rue de Grenelle Saint-Germain, n°^{s} 119 et 121.

La maison civile et militaire du Roi, l'expédition des provisions, brevets et commissions; l'administration générale des capitaux et revenus composant la liste civile, les musées de Paris et de Versailles, les théâtres royaux, manufactures royales, etc., la haute police et l'administration générale des domaines, châteaux et maisons royales ; les honneurs du Louvre, les voyages du Roi et des princes, et les honneurs à leur rendre.

ADMINISTRATIONS ET ÉTABLISSEMENS
DÉPENDANS DU MINISTÈRE DE LA MAISON DU ROI.

Intendance du trésor de la liste civile, aux Tuileries, pavillon Marsan.
Intendance des bâtimens, parcs et jardins, rue Caumartin, n° 30.
Intendance du garde-meuble de la couronne, rue des Champs-Élysées, n° 6.
Intendance des dépenses, rue de Chartres, n° 4.
Intendance des spectacles et menus-plaisirs, rue Bergère, n° 2.
Grande aumonerie de France, rue Saint-Honoré, n° 331.
Louveterie de France, rue Neuve-du-Luxembourg, n° 29.

Théâtres royaux.

Académie royale de Musique, rue Le Pelletier.
Opéra Séria-Buffa, salle Louvois.
Théâtre-Français, rue de Richelieu.
Théâtre royal de l'Opéra-Comique, rue Feydeau.
Théâtre royal de l'Odéon, second Théâtre-Français, place de l'Odéon.
Ecole royale de Musique et de Déclamation, rue Bergère.
Musée royal, au Louvre.
Collection minéralogique particulière du Roi, place du Palais-Bourbon, n° 83.
Monnaie des médailles, rue Guénégaud, n° 8. On y vend, au profit de l'établissement, la collection de toutes les médailles frappées en France, depuis l'avénement de François Ier au trône.
Manufacture royale des Gobelins, rue Mouffetard. Cet établissement est ouvert au public, le samedi, à deux heures.
Manufacture de la Savonnerie, quai de Billy, n° 30.
Manufacture royale de Mosaïque, rue de l'Ecole-de-Médecine, n° 11. Les différens travaux exécutés dans cet établissement sont exposés au public tous les samedis, de midi à quatre heures.

JOURS D'AUDIENCE DES MINISTRES,
D'ENTRÉE DANS LES BUREAUX ET DANS LES ÉTABLISSEMENS PUBLICS.

MINISTRE DE LA JUSTICE. Donne ses audiences publiques le premier et troisième samedi de chaque mois, de neuf à onze heures du matin. Le public n'est admis dans les bureaux, que le vendredi, depuis deux heures jusqu'à quatre.

Le secrétaire-général donne audience le vendredi de chaque semaine.

M. le commissaire du Roi reçoit tous les jeudis, de deux à cinq heures.

MINISTRE DES AFFAIRES ÉTRANGÈRES. Les audiences se demandent par écrit.

Les bureaux des passe-ports et de la législation sont ouverts tous les jours non-fériés, de dix à cinq heures.

MINISTRE DE L'INTÉRIEUR. Donne des audiences particulières, lorsqu'on en forme la demande écrite, en indiquant l'objet dont on désire l'entretenir; les chefs de division reçoivent le public le jeudi, depuis deux heures jusqu'à quatre. On entre à la division de comptabilité, pour retirer les lettres d'avis de paiement, les lundis et les jeudis, de midi à trois heures.

Préfecture du département. Les bureaux de la préfecture sont ouverts au public tous les jours, excepté les dimanches et fêtes, depuis trois heures jusqu'à quatre.

Préfecture de police. Le préfet donne ses audiences tous les mardis, à deux heures, à l'hôtel de la préfecture.

MINISTRE DE LA GUERRE. Audience du ministre tous les samedis; les bureaux sont ouverts les second et quatrième mercredis de chaque mois, à une heure, du 1er décembre au 1er mars, et à deux heures, pendant le reste de l'année.

MINISTRE DE LA MARINE ET DES COLONIES. Le ministre donne des audiences particulières toutes les fois qu'on lui en adresse la demande par écrit, en lui indiquant l'objet dont on désire l'entretenir. Les bureaux sont ouverts au public tous les jeudis, de deux à quatre heures.

MINISTRE DES FINANCES. Audiences générales du ministre les deuxième et quatrième samedis de chaque mois, de midi à deux heures. Conférences des premiers commis tous les vendredis, de deux à quatre heures.

Le public est admis au secrétariat tous les jours, de deux à quatre heures.

MINISTRE DE LA MAISON DU ROI. Le ministre et le secrétaire-général donnent les audiences qu'on leur demande par écrit. Les bureaux sont ouverts tous les jours, à deux heures.

Bibliothèque du Roi, rue de Richelieu. Elle est ouverte pour les lecteurs, tous les jours, excepté le dimanche et les fêtes, de dix à deux heures, et pour les curieux, les mardis et vendredis, aux mêmes heures; elle est en vacance depuis le 1er septembre jusqu'au 17 octobre.

Ecole royale et spéciale des langues orientales vivantes, à la Bibliothèque du Roi.

Bibliothèque Mazarine, au palais des Beaux-Arts. Elle est ouverte tous les jours, depuis dix heures jusqu'à deux, excepté les jeudis, les dimanches et les fêtes; elle est en vacance depuis le 15 août jusqu'au 15 octobre.

Bibliothèque Sainte-Geneviève, place de ce nom. Ouverte au public tous les jours, depuis midi jusqu'à quatre heures, excepté les dimanches et les jours de fêtes. Elle est en vacance depuis le 15 septembre jusqu'au 3 novembre.

Bibliothèque de la ville de Paris, à l'Hôtel-de-Ville. Ouverte tous les jours, depuis midi jusqu'à quatre heures, excepté les dimanches, les jours de fêtes et les jours de séances de la Société de Médecine et d'Agriculture, qui sont indiqués par une affiche particulière placée dans l'intérieur de la bibliothèque. Elle est en vacance depuis le 1er septembre jusqu'au 15 octobre.

Bibliothèque de l'Arsenal ou de Monsieur. Elle est ouverte tous les jours, excepté les dimanches et fêtes, de dix à deux heures.

Musée des mines, à l'Hôtel des Monnaies. Il est ouvert tous les jours depuis dix heures jusqu'à deux, excepté les dimanches et fêtes.

Ecole royale et spéciale des beaux-arts, rue des Petits-Augustins. Divisée en deux sections, peinture, sculpture et architecture.

Ecole royale gratuite de dessin, rue de l'Ecole-de-Médecine, pour les jeunes gens; et rue de Touraine, pour les demoiselles.

Muséum d'histoire naturelle, au Jardin du Roi. Les galeries et la bibliothèque sont ouvertes au public les mardi et vendredi de chaque semaine, depuis trois heures jusqu'à la nuit, pendant l'automne et l'hiver, et depuis quatre heures jusqu'à sept, pendant le printemps et l'été. Les étudians y sont admis les lundi, mercredi et samedi de chaque semaine, depuis onze heures jusqu'à deux.

La ménagerie est visible tous les jours, depuis onze heures jusqu'à trois en hiver, et jusqu'à six en été.

Cabinet de minéralogie, rue d'Enfer, n° 34. Il est ouvert au public les lundi et jeudi de chaque semaine depuis onze heures jusqu'à trois, et tous les jours, aux étrangers et aux personnes qui désirent étudier.

Conservatoire des arts-et-métiers, rue Saint-Martin. Les salles et galeries sont ouvertes au public les dimanches et jeudis depuis deux heures jusqu'à quatre. Les étrangers voyageurs y sont admis tous les jours, sur la présentation de leurs passe-ports.

Musée royal, au Louvre. Les artistes et étudians sont admis dans les galeries les cinq premiers jours de la semaine, le lundi excepté.

Le public entre le dimanche, depuis dix heures jusqu'à quatre; pendant les jours d'étude, on admet seulement les étrangers ou voyageurs, sur la présentation de leurs passe-ports.

Galerie du Luxembourg. Elle est ouverte au public les dimanches et lundis, depuis dix heures jusqu'à quatre.

Inscriptions des rues.

Cette inscription, portant le nom en blanc sur un fond noir, est placée aux coins de toutes les rues, ruelles, culs-de-sac, etc., etc.

Numéros des maisons.

Ils sont rouges dans les rues parallèles à la rivière de Seine, et noirs dans celles qui lui sont perpendiculaires. Dans les rues parallèles à la rivière, le n° 1 est toujours placé au bout le plus près des barrières de la Rapée et de la Garre, qui sont pour Paris les deux points les plus élevés de la Seine ; et dans les rues perpendiculaires il est toujours placé au bout le plus près des rives de la Seine, soit au nord, soit au midi. En partant du bout où se trouve le n° 1, dans toutes les rues, les numéros pairs sont à droite et les impairs à gauche.

Voitures de place.

Carrosses ou *fiacres*. Dans tous les quartiers on trouve des places où ces voitures stationnent. Le prix des courses, sans s'arrêter, est de 1 fr. 50 cent. (30 sous) entre les barrières. Lorsqu'on les prend à l'heure, la première se paie 2 fr. et les autres 1 fr. 50 c.; on ne peut payer moins d'une heure. Le prix des courses de cabriolets est de 1 fr. 25 c.; la première heure se paie 1 fr. 50 c. et les autres 1 fr. 25 c.

Toutes ces voitures sont numérotées pour que la Police puisse punir les cochers contre lesquels on aurait de légitimes sujets de plainte à lui porter, et reconnaître les voitures dans lesquelles on aurait oublié quelques objets.

FIN.

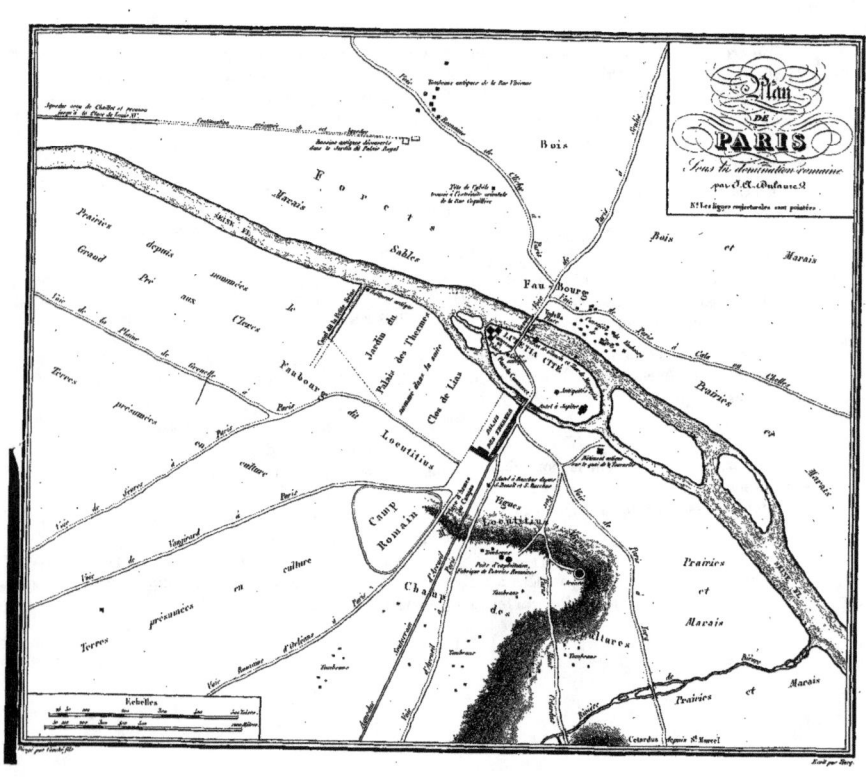

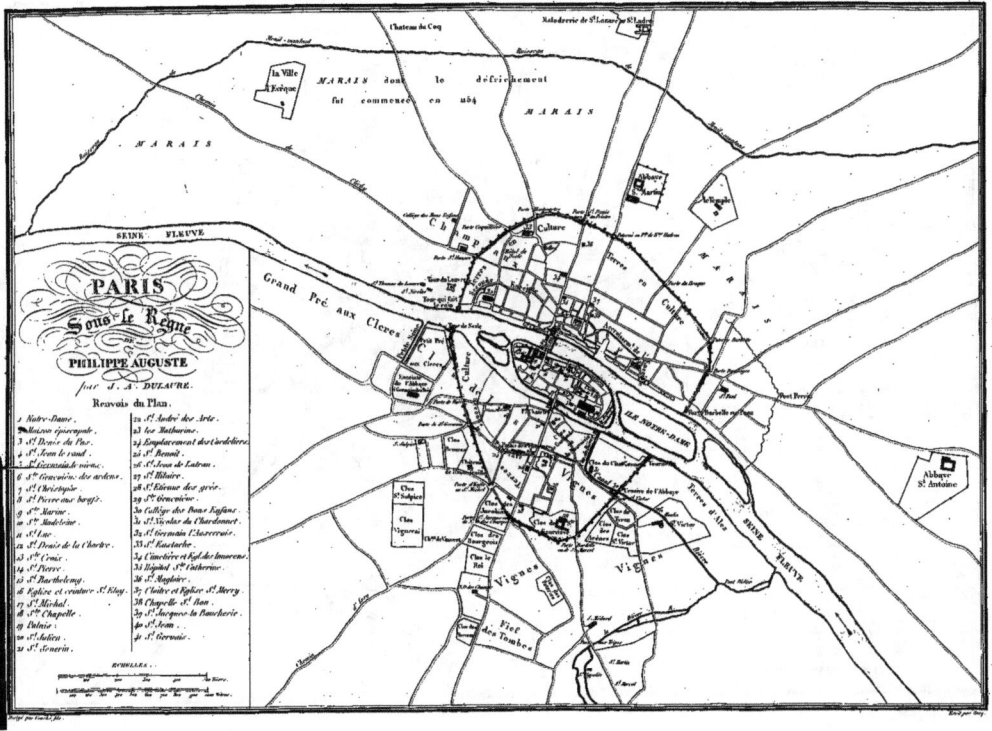

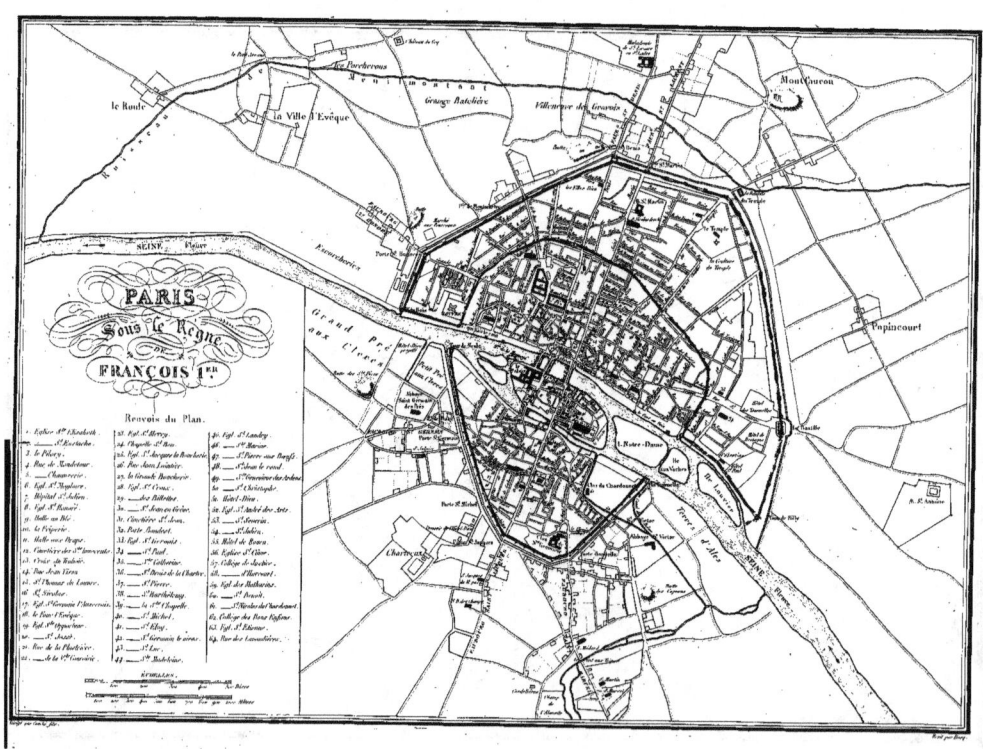

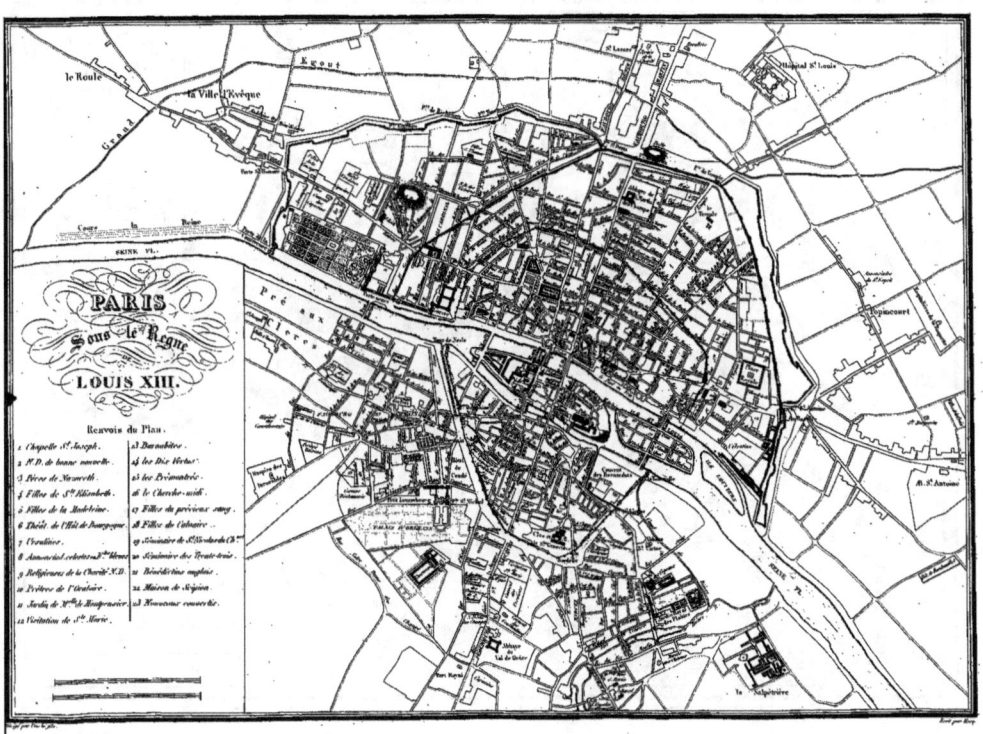

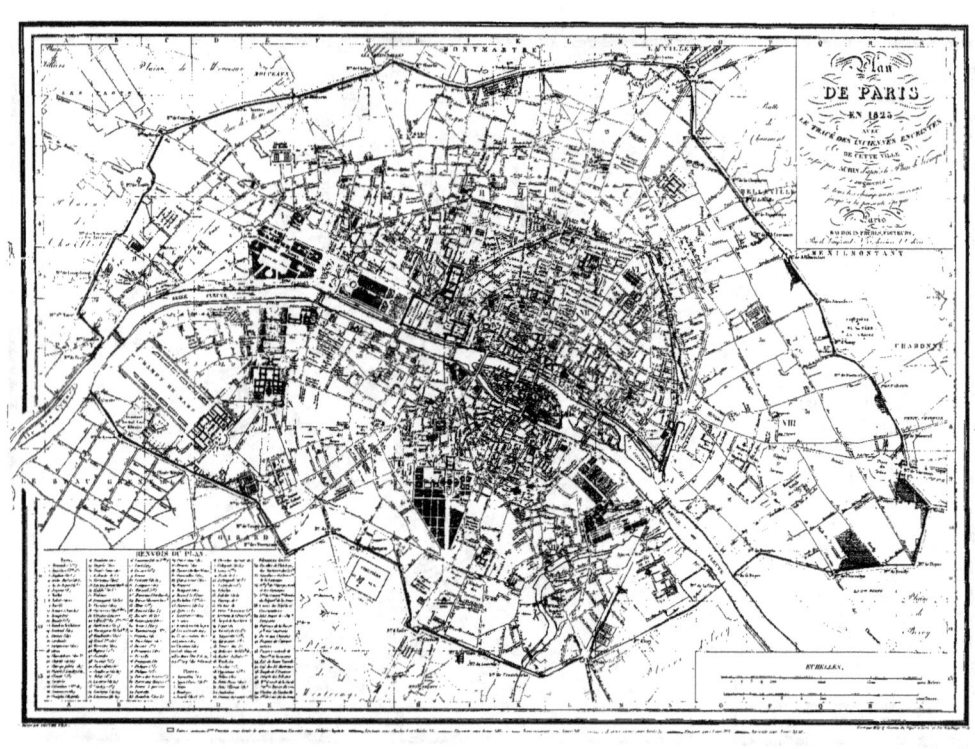

www.ingramcontent.com/pod-product-compliance
Lightning Source LLC
LaVergne TN
LVHW022143080426
835511LV00007B/1236